최소한의
일만하며
여유롭게
사는 법

디지털 노마드 시대
여유로운 삶의 방식

최소한의
일만하며
여유롭게
사는 법

박하루

슬로라이프

들어가기 전에

인류 역사상 전 세계인의 새해 소망이

이토록 하나가 된 날이 있을까.

각기 다른 소망의 끝엔 바이러스의 종식을

염원하는 한 마디가 담겨 있었다.

전 세계로 확산된 코로나19 바이러스(COVID-19)는

인간의 라이프스타일에 급격한 변화를 선사했고,

미래를 현실로 한층 빠르게 끌어왔다.

무엇보다, 인생에서 가장 많은 시간을 차지하고 있던
일(Work)에 관한 새로운 패러다임을 강압적이면서도
자연스럽게 받아들일 수 있도록 이끌었다.

덕분에 우리는 그간 해 온 일이 지속 가능한지에
대해 스스로 고민해 볼 수 있었고,
잠깐 멈추어 서서 삶에서 중요한 우선순위가
무엇인지에 대해 돌아볼 수 있는 시간을 선물받았다.

하지만 소상공인에겐 위기에서 기회를
발견할 여력조차 없을 만큼 힘든 나날의 연속이었다.
특히 인건비와 임대료, 유지관리비 등 고정 지출의
위험 부담을 높게 끌어안고 있던 분들일수록 피해가 컸다.

그간의 비즈니스 생태계는 고정 지출이라는 명목으로
위험부담을 끌어안고 일하는 게 너무도 당연시되어 왔다.
하지만 고정 지출은 줄이면 줄일수록 좋고,
없으면 없을수록 좋다는 것을 모르고 있던 것도 아니었다.

반면, 위험 부담에서 한층 자유롭게 일했던 사람들은
일과 라이프스타일에 큰 변화는 없었다. 나 역시 후자였다.

시공간에 얽매이지 않는 방식을 선호했기에
처음부터 사무실이나 공유 오피스조차 두지 않았고,
프리랜서에게 적극적으로 도움을 요청하는 편이다 보니
고정 인건비에 대한 부담도 없었다.
물론, 사업적으로 그 어떤 부채도 없었다.

위험 부담을 제로베이스로 운영한다고 해도
매출 감소는 피해 갈 수 없었다.
하지만, 돈을 벌지 못한다고 해도 당장에
폐업을 고심할 만한 위험 요인이 없었고,
적게 벌면 적게 버는 대로 소비를 줄이며
다음 스텝을 준비하면 되었다.

생애 처음 마주하는 이 시국을 어떻게 받아들일지,
좀 더 유연하게 변화를 받아들이려면
어떻게 해야 하는지 고민하는 데 집중했을 뿐,

시국을 논하며 핏대를 올릴 일도,

불안과 공포를 끌어안고 있을 이유도,

타인에게 얽매일 일도 없었다.

적어도 일에 있어서만큼은 그랬다.

물론, 지금의 여건이 계속 이어질 수 있을지는 미지수다.

하지만 최악의 사태로 치닫는다고 해도

감당하지 못할 버거운 위험 부담을

제로베이스로 유지하는 데 집중한다면,

그 어떤 험난한 역경도 차분하게 넘길 수 있을 거라 믿는다.

특히나 바이러스 이후의 사회는 점차

개인주의적이면서도 가족 지향적인 사람들이 많아지면서

더는 버티고 애쓰며 살아가는 삶이 아닌,

스스로 감당할 수 있을 정도의 일을 해내며

자신과 가족, 자연 생태계가 조화로운 삶에

집중하며 살아가는 사람들이 점차 많아질 것이다.

그럴수록 현재 자신이 하는 일의 방향성과
지속가능성에 대해 스스로 점검해 보고,
삶의 중요한 우선순위가 무엇인지에 대해
깊이 고민해 봐야 한다.

유독 일이나 사업으로 인해 힘든 시기를 보냈다면,
과거에 얽매어 현실을 탓하고 있을 게 아니라,
그간 해 왔던 일에 대한 위험 요인을 들여다보고,

어떻게 하면 지금보다 일을 줄이면서도 한층 여유로운
삶을 살 수 있을지 고민해 보는 시간을 가져보자.

바이러스가 우리에게 선사한 교훈은 너무도 간단하다.

감당하기 버거운 것들을 최대한 줄이고
삶의 중요한 우선순위를 지키며 살아갈 것.

당신의 일상에도

한층 여유가 깃들 수 있기를

목차

4장. 창업, 시작부터 자유롭게

: 창업을 준비하면서 내려놓아야 하는 것들

5장. 최소한의 일만 하며 여유롭게 사는 법 I

: 최소한의 일만 하며 살기 위해 소신껏 지켜온 것들

6장. 최소한의 일만 하며 여유롭게 사는 법 II
: 최소한의 일만 하며 살기 위해 신경을 꺼 버린 것들

에필로그

프롤로그

일을 줄이면
인생의 수많은 문제가 해결된다

요즘 서점 매대만 둘러봐도 살고 싶은 대로 좋아하는 일만 하며 사는 법에 관한 이야기를 다룬 책을 심심찮게 발견할 수 있다. 미디어 역시 연일 스타의 일상을 테마로 한 프로그램을 내보내며 시청자의 사랑을 받고 있듯, 사람들은 점점 일상에서 발견할 수 있는 가치에 더 관심을 두고 살아가고 있다.

**일상에 중요한 가치를 두고 살아가면서
지금보다 일하는 시간이 줄어든다면,
우리의 인생이 얼마나 더 나아질까?**

일을 최소화하면서도 지금의 경제적 상태를 유지할 수 있다거나, 일을 줄일수록 더 많은 돈을 벌 수 있다면 지금보다 일상이 얼마나 더 즐거워질까?

일과 일상의 관계에 관심을 두는 이유는 **일을 최소화할수록 일상에서 겪고 있는 문제 중 상당수가 해결되기 때문이다.** 일을 줄이면 줄일수록 돈은 많이 벌고 있지만, 아이에게 아빠의 존재도 희미할 만큼 바쁜 아빠는 아빠로서 해야 할 역할을 하면서 일과 가정의 균형을 유지할 수 있다.

일과 얽매인 수많은 관계 속에서 겪는 외로움과 조울증에서 한결 편해지기도 한다. 일주일 내내 일에만 치여 사는 직장인에겐 하고 싶은 것보다 해야만 하는 것들에 시간을 할애하며 겪는 정신적, 육체적 피로감을 덜어 낼 수 있는 시간을 선사하기도 한다.

일을 최소화하는 것만으로
인생에서 겪고 있는 모든 문제가 해결될 순 없지만,
**적어도 일을 줄이면 그간 고심하고 있던
골칫덩어리들이 한 번에 해결될 수 있다.**

왜냐하면 우리가 일상에서 투덜대고 있는 불평불만은 대개 일에 할애하는 시간이 많아 생기는 문제이기 때문이다. 게다가 그 불만의 고리는 돈과 시간, 관계의 범주를 크게 벗어나지 않는다.

직장 시절 첫 연봉은 2천만 원도 채 되지 않았다. 그나마 실적이 좋아 간간이 받았던 인센티브를 합쳐도 3천을 넘지 못했다. 월급으로 치면 200만 원도 채 안 되는 금액이었다. 하지만 인생에서 일을 최소화한 후로는, 최소한의 일만 하면서도 부족하지 않을 만큼의 경제적 만족은 물론, 한층 더 여유로운 일상을 누리며 살 수 있게 되었다.

일을 최소화하는 방법은 다양하다. 직장을 다니면서 일을 줄이는 방법도 있고, 프리랜서로 업무량을 조절하며 일할 수도 있다. 혹은, 자신만의 방식으로 일하기 위해 독립을 준비하면서 변화를 맞이할 수도 있다. 나의 경우 독립을 하면서 일을 최소화한 삶을 살 수 있었다.

하지만 창업의 과정에서 남의 돈을 투자받지도 않았고, 요즘 트렌드를 분석해 가며 고객의 입맛을 맞춰 줄 아이템이나 마케팅을 분석하지도 않았다. 고객이 만족할 만한 프로그램을 구상하는 데 시간을 허비하지도 않았으며, 밤낮없이 소호 사무실에서 불을 켜고 고심하는 스타트업 대표처럼 열정을 다해 일에만 매진하지도 않았다. 회사를 운영할 때 역시 CEO가 갖춰야 할 자격이나 덕목보다 게으른 백수가 지닌 습관이 몸에 배어있는 사람이었고, 성공이나 자기 계발과는 거리가 먼 사람이었다.

돈을 많이 벌고 싶다는 마음에
사업을 시작한 건 더더욱 아니었다.
단지 일보다 일상에 더 많은 시간을
할애하고 싶었기 때문에 사업을 선택한 것이었다.

하지만 자본금 0원으로 시작한 회사는 꾸준히 직장인 연봉 그 이상을 벌어다 줬고, 여전히 시공간의 제약에서 벗어나 자유로운 디지털 노마드 라이프를 살고 있다. 일에 얽매여 있던 시간보다 일상에서 누릴 수 있는 것들을 즐기는 데 더 많은 시간을 보냈고, 1주일에 3일 투자했던 일을 1주일에 하루, 2주일에 하루, 한 달에 하루, 지속적으로 일하는 시간을 줄이며 원하는 만큼의 성과가 유지되는지 실험해 왔다.

물론 하루 만에 최대치의 집중과 몰입을 끌어내어 원하는 성과를 가시화하는 삶의 패턴에 익숙해지기까지 많은 시행착오를 겪었다. 하지만 창립 이래 수년이 지난 지금까지 매 순간 일을 최소화하면서도 여유로운 일상을 누릴 수 있던 원동력은 인생의 갈림길에 설 때마다 선택의 기준이 되는 **단 하나의 핵심 가치** 덕분이었다.

한 개인의 인생 그래프를 그리다 보면 어김없이 우여곡절의 시기마다 그래프 선이 위아래로 오르내리기 마련이다. 하지만 그 속에서도 절대 변하지 않는 기준이 하나 있었다. 그건 바로 어떤 시기에 어떤 선택을 하든 무엇이 **"일상을 누리는 삶에 더 가까운가?"**라는 질문에 답해 보는 것이었다.

우리에겐 일상을 누린다는 표현이 그리 친숙하지 않다. 항상 한 발짝 앞서서 세상을 내다 봐야 하고, 더 나은 미래의 꿈과 목표를 향해 나아가는 삶이 익숙하다. 그래서인지 지금 당장 아침에 눈을 떠서 잠들 때까지 일상에서 보고 듣고 즐길 수 있는 것에 그리 집중하지 않는다.

학창 시절에는 조금이라도 더 좋은 대학에 들어가기 위해 좋은 성적을 얻고자 노력한다. 그러면서 적게는 수년을, 많게는 수십 년을 할애한다. 대학 입학 후엔 조금이라도 더 좋은 조건의 회사에 입사하기 위해 자격을 갖추는 것에 매진하기도 한다. 늘 배워야 할 게 많고, 알아야 할 것들이 산더미처럼 쌓여 있다. 지금 갖춰 놓지 않으면 후회할 것만 같은 것들에 온 시선이 가 있기도 하다.

정작 그 자격과 이력 속에 나라는 사람이 누구인지,
지금의 일상을 어떻게 흘려보내고 있는지에 대해
단 하루도 들여다보지 못한 채 말이다.

직장을 퇴사하고 창업을 준비할 때 역시 나를 돌아보지 못하는 악순환
은 계속 이어진다. 사업가로서의 삶에 대한 기준보다 창업을 위해 준비
해야 할 것들이 무엇인지 꼼꼼히 따져 보며 실패를 최소화하기 위해 상
당한 시간을 보낸다. 아마 이 과정을 한 번이라도 반복해 본 사람이라면
잘 알 것이다. 알면 알수록 나보다 발 빠르게 움직이는 사람들은 왜 이리
도 많은 건지, 시간에 쫓겨 가며 일에 매진해 왔건만 아직 채워야 할 리
스트는 왜 그리도 많은 건지, 어느 정도 구색을 갖췄다 싶었는데 왜 난
여전히 준비만 하고 있는지, 무한 쳇바퀴를 돌고 있는 이들도 허다하다.

이미 회사를 운영하는 이들도 매한가지다. 도대체 고객은 무엇에 반응하
고 무엇 때문에 지갑을 여는가에 온 신경을 집중하다 정작 내가 무엇을
하고 있는지조차 잃어버리기도 한다.

잠시 멈추어 생각해 보자.

학창 시절부터 지금의 당신 모습을 돌아봤을 때,

늘 성장하기 위해 자격을 갖추며 살아온 세월 동안

당신이 원하는 삶을 살고 있었는가?

아직 그 시기가 오지 않았다면,

얼마나 더 나아가야, 얼마나 더 갖춰야지만

당신이 원하는 삶을 살 수 있을 거로 생각하는가?

자격이나 이력을 갖춘 만큼 나름의 보상을 받은 부분도 있고, 만족할 만한 성과를 거둔 이도 있을 테다. 하지만 직장에 머무는 것에서 만족하는 것이 아닌 당신이라면, 그간의 삶에서 만족할 만한 것들을 결코 충만하게 경험하지 못했을 확률이 높다. 무엇인가에 대한 갈증이 분명 있을 것이다.

그 갈증은 돈이나 관계로부터 올 수도 있고, 당신 안에 잠재된 욕구가 해결되지 않고 쌓인 것일 수도 있다. 그저 막연히 조직 생활에서 벗어나 돈과 시간에서 자유로운 사업가가 되고 싶다며 나왔지만 정작 왜 당신이 사업가가 되려고 하는지 그 이유조차 제대로 모른 채 방황만 하고 있을 수도 있다.

상담을 받으러 오는 분 중엔 주 하루 디지털 노마드 라이프에 대해 동경 어린 마음으로 질문하는 분들이 적지 않다. 자신도 시공간에 대한 제약 없이 일주일에 하루만 몰입해서 일하며 여유로운 일상을 사는 시스템을 구축하고 싶다고 한다. 하지만 시스템이라는 것은 어떤 분야든 자신이 원하는 대로 구축할 수 있기에 그리 고민할 거리가 아니다. 시스템은 제일 나중의 문제다.

그저 여유로운 삶을 갈망만 할 게 아니라,
당신이 하고 싶은 최소한의 일을 하면서
어떤 일상을 보내고 싶은지에 대한 기준을
스스로 정립하는 것이 더 중요하다.

회사를 설립할 때, 나는 오로지 어떤 사업을 할 것인가보다 그간 살아온 삶의 가치를 기반으로 **어떤 사업가가 될 것인가**에 관한 기준을 정립하는 데만 몰입했다. 법인을 설립한 이후로는 어떻게 회사를 운영할 것인가보다 **사업가로서 어떤 일상을 살고 싶은지**에 대한 청사진을 그리며 현실에서 구체화하는 방법에만 몰두했다.

일보다 일상에 더 중점을 두었기에 일을 최소화하는 방안에 대해서만 고민할 수 있었고, 시스템은 자연스레 몸에 밴 습관으로 구축된 것이었다. 하지만 적어도 이런 삶을 살기 위해서는 갖춰야 할 것보다 버리고 포기하고, 신경을 아예 꺼 버려야 하는 것들이 더 많다.

그 모든 것을 내려놓은 뒤에도 소신껏 회사를 운영할 수 있다는 확신이 든다면 충분히 시공간의 제약에서 벗어나 당신만의 최적화된 비즈니스 라이프 패턴을 구축할 수 있다.

그렇기에 나는 당신이 그 기준을 바로 세울 수 있도록 그간의 경험을 최대한 진솔하게 이 책에 담아 낼 것이며, 그 기준을 지키며 회사를 운영하기 위해 수많은 것을 버리고 포기했다는 이야기를 할 것이다.

당신은 이 책을 통해 그간 알고 있었던
"일"의 의미를 재해석하는 시간을 보낼 수도 있고,
"시간"을 바라보는 새로운 관점에 대한
영감을 얻어 갈 수도 있다.

조금 더 관심을 둔다면, 일과 시간에 대한 시선의 변화를 기반으로
오직 자신에게 최적화된 비즈니스 패턴을 구축할 수 있는
실전 노하우까지 얻어 갈 수 있다.

이 책에는 흔히들 말하는 "성공을 위해 갖춰야 할 것들"은 그 무엇 하나
담겨 있지 않다. 해야 할 일보다 하지 말아야 할 일이 더 많고, 갖춰야 할
것보다 버리고 비워야 할 것들이 더 많다.

어떻게 하면 최소한의 일만 하면서도 원하는 성과를 끌어 낼 수 있는지,
어떻게 하면 일보다 일상에 더 많은 시간을 할애할 수 있을지, 온통 이
런 고민의 연속이다.

한번 생각해 보라.
수많은 일에 신경 쓰면서 어떻게
최소한의 일만 하며 여유롭게 살 수 있겠는가?

최대한 불필요한 것들을 버리고 비우고 포기해야만 하는 얻을 수 있는
것들에 대한 이야기뿐이다. 그래야만,

최소한의 일만 하면서도

충분히 원하는 성과를 낼 수 있을 테니까.

그리고 남은 일상은 당신이 그토록 원하는

라이프스타일을 마음껏 즐길 수 있을 테니까.

1장. 최소한의 일만 하며 살 수 없을까

: 디지털 노마드 시대 여유로운 삶의 방식

여유 좀 부리며 삽시다

워커홀릭 상사가 승진을 앞두고 회사에서 잘린 적이 있다. 그는 자신만큼 책임감 있게 열심히 일한 직원은 없다며 연일 억울함을 호소했다. 곁에서 함께한 직원들도 야근에 철야까지 마다하지 않고 일한 그의 노고를 알고 있었다. 하지만 회사의 판단 기준은 노력보다 성과였다. 살다 보면 사회적 압박에 의해 환경과 여건이 달라질 순 있다. 그도 이에 대해 반기를 들지는 않았다.

그런 그가 연일 억울함을 호소했던 이유는 따로 있었다. 그는 진통제를 늘 끼고 살면서도 건강을 챙기지 않고 일했다. 아이들 등교하는 것조차 제대로 배웅해 준 적이 없다며 눈시울을 붉히기도 했다. 경력 단절이 두려운 마음에 성과에 연일 집착하다 감당할 수 없는 일에 치여 제대로 휴가 한번 가 보지 못했다. 그렇게 지난 10년간 열심히 일한 노고에 대한 보상은 주변의 측은한 시선과 애매한 감정이 섞인 위로의 말뿐이었다.

하지만 이 모진 풍파는 그가 선택한 순간들이 쌓여 고스란히 돌아온 것이었다. 그는 점심시간을 활용해 병원에 다녀올 수 있던 상황에서도 고객사와 식사하는 것을 선택했다. 직원들이 연차와 반차를 활용해 가족을 틈틈이 돌볼 때도 아직 해야 할 일이 많다며 야근을 마다하지 않았다. 감당하지 못할 일에 치여 번아웃 시기를 여러 번 겪기도 했다.

일을 우선순위에 두고 사는 사람일수록 번아웃되기 마련이다. 하지만 번아웃은 이미 정신적으로나 육체적으로 극한에 치달은 상태이기 때문에 후회와 한탄을 한들 되돌릴 수 있는 건 아무것도 없다. **더 가혹한 현실은 그 누구도 탓할 수 없다는 것이다.** 그 누구도 그에게 아이를 돌보지 말라고 한 적이 없다. 건강을 챙기지 말라고 한 적도 없고, 밤낮없이 일만 하라고 한 적도 없다. 오히려 그의 주변에는 건강을 챙겨 주던 후배들이 있었고, 가정에 신경 쓸 수 있도록 도와주던 상사들이 있었다. 매번 일에 치여 녹초가 된 상태로 집에 돌아가서 그렇지, 아이들과 즐겁게 보낸 시간도 적지 않았을 것이다. 결국 일로 야기되는 모든 문제의 근원은 업무가 바빠서도, 환경이나 여건이 나빠서도 아니다. **단지 스스로 아주 잠깐의 여유조차 부릴 줄 몰랐기 때문이다.**

바쁜 사람일수록 "여유를 부리는 것"에 인색하다. 마치 여유라는 것이 어느 정도 삶의 수준에 올라야지만 누릴 수 있는 것으로 생각하는 이도 적지 않다. 일을 끝내고 잠깐 휴식을 취하는 정도를 여유라 생각하는 이도 있고, 자본이나 소유의 기준으로 여유가 있는 사람인가를 판단하기도 한다. **하지만 여유라는 것은 항상 내 숨결과 함께 머무는 것이기 때문에 그저 매 순간 누가 잘 부리며 사느냐에 따라 인생에 크고 작은 변화가 생긴다.**

직장 생활을 하다 보면 소리 소문 없이 회사를 떠나는 사람들을 적지 않게 마주하게 된다. 이는 사업을 운영하는 대표들도 마찬가지다. 열심히 일에 매진했던 이들이 한순간에 사라지기도 하고, 늘 밝아 보였던 이들이 순식간에 위태로운 표정을 짓고 떠나기도 한다. 떠나는 이마다 오만 가지 생각에 발걸음이 무겁다. 그간 일 때문에 주변 사람들을 챙기지 못해 아쉽고, 몸이 주는 신호를 무시한 채 병을 키워 온 미련함이 후회로 남는다. 바쁘다는 핑계로 하고 싶은 것을 하지 못하고 살아온 인생에 허망함이 더해지기도 한다. 하지만 이런 아쉬움도 잠시, 힘든 일을 버티며 살아가는 게 당연한 삶이라며 눈앞에 펼쳐진 크고 작은 문제들을 대수롭지 않게 넘긴다.

인생을 살아가다 보면 참고 감내해야 하는 부분이 있다. **하지만 버티는 삶을 당연히 여겨서는 안 된다.** 당연하다고 여기는 순간, 지금까지 살아온 시간보다 몇 배는 더 버티며 살아갈 힘이 생긴다. 물론 이 원동력은 삶에 긍정적인 영향을 미치기도 한다. 원하는 목표를 위해 끝까지 버티며 나아가게 하니 말이다. 하지만 매 순간 버티는 삶에 익숙해지다 보면 **굳이 버티며 애쓰지 않고도 지금 당장 여유롭게 살 방법이 무한하다는 것을 평생 모르고 살게 된다.** 일과 일상의 균형을 적절히 맞추며 여유롭게 사는 법이라든가, 일을 최소화하면서도 풍요로운 일상을 누리는 라이프스타일은 그저 자신과 동떨어진 사람들의 이야기가 된다는 것이다.

백수와 부자의 한 끗 차이

직장을 그만두고 가장 먼저 했던 일은 부자가 되면 살고 싶은 삶을 지금부터 사는 것이었다. 부에 대한 기준은 사람마다 다르겠지만, 인생을 살아가면서 **시간을 자신의 마음대로 쓸 수 있는 여유**에 부의 가치를 두고 살아왔다. 백만장자를 꿈꾸는 것도 아니었고, 타인의 부러움을 살 만큼의 명예나 부유한 삶도 아니었다. 소유의 기준을 떠나, **하고 싶은 것을 스스로 선택할 수 있는 시간적 여유와 그 속에서 얼마나 만족하며 사는지가 더 중요했다.**

직장 생활을 하다 보면 정해진 시공간에 얽매여 있다는 사실만으로도 갑갑함이 치밀어 오를 때가 있다. 일이 많고 적음을 떠나 하루 기본 8시간에서 많게는 12시간씩 회사에 있다 보면 **늘 시간이 아쉽다.** 돈이 없어서라기보다 시간이 없어서 여행을 떠나지 못하거나, 하고 싶은 것을 하지 못하는 상황과 자주 마주하게 된다. 때론 배우고 싶은 것을 제때 배우지 못해 애먼 시간을 낭비하기도 하고, 건강에 이상이 와도 잠시 병원에 들를 시간조차 여의치 않다. 환경적 제약에 얽매일수록 단기간 집중해서 끝낼 수 있는 것조차 몇 년째 미루기만 하고, 내 안에 잠재된 역량을 한껏 발휘하며 살 기회를 놓치기도 한다.

직장에서 돈을 받으며 일을 배우는 건 좋았지만, 장시간 육체가 한 곳에 얽매여 있다는 사실이 갑갑했다. 다양한 경험과 전문성을 쌓는 것은 좋았지만 취미에 충분한 시간을 할애하지 못하는 것이 늘 아쉬웠다. 단기간 집중해서 몰입했다면 평생 습관으로 자리 잡을 수 있던 운동이나 관심사도 하다 말기를 반복하다 결국 애먼 돈과 시간만 날리기도 했다. 늘 여유 시간을 갈망했지만, 주변에선 일 외적인 취미나 관심사가 뭐 그리 중요하냐며 대수롭지 않게 넘겼다. 하지만 **여유를 부리고자 하는 욕구가 충족되지 않는 한 계속 돈과 시간에 쫓기는 삶을 살 수밖에 없다는 생각을 품고 살던 내겐, 일을 잘하는 것만큼 여유 부릴 궁리도 중요한 사안이었다.**

주 5일 일하고 월급을 250만 원 받는 조건이라면 150만 원만 받아도 좋으니 3일만 일하면 좋겠다는 생각을 자주 했다. 출장 일정을 마치고 귀국하는 날이면, 3개월이나 6개월씩 프로젝트 단위로 일하고 한 달 정도 쉬다 오는 업무 패턴이면 얼마나 좋을까 싶었다. 주변에선 "애가 또 헛소리하고 있네"라며 넘겼지만, 매번 혼날 걸 알면서도 틈만 나면 툭툭 잽을 날렸다.

일하는 시간을 줄이는 것이 여의치 않을 때는 일을 하면서 여유 부릴 궁리를 했다. 햇살이 좋은 날엔 사무실에서 할 수 있는 미팅도 유유자적 산책을 하다 근처 커피숍에서 고객을 만났다. 상사에게 올릴 보고서를 작성하는 일보다 혼자 낮잠을 자며 사색할 수 있는 아지트를 찾는 데 더 심혈을 기울이기도 했다. 야근할 때면 더 좋은 음식을 먹으려 했고, 살인적인 스케줄을 감당해야 할 때면 피로감에 사로잡히지 않기 위해 더 적극적으로 놀았다.

직장 다닐 때 유별난 직원이었을 것 같지만, 가끔 옆에서 이상한 소리를 하는 정도일 뿐 여느 직장인의 모습과 별반 다르지 않았다. 커피숍에 앉아 고객과 미팅하는 일은 직장인이면 누구에게나 있는 일상적인 모습이다. 단지 따뜻한 햇살을 한번 올려다보고, 한 템포 여유로운 발걸음으로 미팅을 하러 가는 여유를 의식적으로 충만히 느낄 뿐이다. **여유란 말 한 마디, 한 템포 느린 걸음걸이와 같이 너무도 소소한 모습을 하고 있어서 온갖 여유 부릴 궁리를 해 봐야 겉으로 전혀 티도 나지 않는다.**

하지만 퇴사를 하고 백수가 된 후로는 더는 여유 부릴 궁리를 하지 않아도 되었다. 그토록 갈망하던 하루 24시간이 온전히 내 것인 삶이 시작된 것이다. 얼마나 오랜 시간 이 충만한 여유를 누릴 수 있을지는 모르겠지만, 일단 그토록 갈망하던 시간 부자가 된 지금 이 순간을 충분히 만끽하기로 했다. 매일 눈이 떠지는 시간에 일어나 하루를 시작하고, 나른하게 잠이 들 때 하루를 마감했다. 당장 처리해야 할 일도 없었고, 만나야 할 사람도 없었다. **인생에서 반드시 해야만 하는 일이 한결 덜어진 것만으로도 여유를 만끽하기엔 충분했다.**

평소 부자가 되면 오전 시간대는 전자기기를 멀리하고 싶었다. 눈을 뜬 지 얼마 되지 않은 상태에서 스마트폰과 노트북을 보고 있으면 금세 눈이 피로해지는 게 싫었다. 일을 해야 하는 상황이라면 어쩔 수 없이 붙들고 있어야 할 전자기기를 멀리하는 것부터 시작했다.

느지막이 일어나 아점을 먹고, 오후에는 주로 집에서 시간을 보냈다. 가끔 집에 있는 게 따분할 때면 도서관에서 책을 읽거나 혼자 전시회를 보러 다녔다. 책이나 전시를 통해 영감을 얻을 때면 작품의 시대적 배경을 따라 그 시대의 명작에 흠뻑 취해 있기도 했다. 영화 한 편을 보다 흘러나오는 노래에 마음을 사로잡혀 그 시대의 음악을 탐하고, 시대의 인물과 역사를 따라 일상에서 느끼는 인문학적 감성이 끝없는 사고로 확장되는 향연을 즐겼다. 책이야 넓은 도서관에서 온종일 읽어도 돈 한 푼 들지 않는다. 자주 들렀던 전시회도 전시마다 아티스트 나름의 감성이 묻어나기 때문에 무료로 즐겨 봐도 그리 상관이 없다. 이 외에도 같은 돈을 쓰더라도 그 누구보다 풍요롭게 여유라는 사치를 부릴 방법은 너무도 무한하다.

글을 읽다 보면 우아한 백조 시절을 보낸 것 같지만, 백수 시절 역시 늦잠 자고 일어나 할 일 없이 시간만 축내는 잉여의 모습과 별반 다를 게 없었다. 전자기기를 멀리하는 것은 홀로 하는 의식적 행동이지 그 누구 하나 알 길이 없다. 인문학적 감성에 흠뻑 취해 있는 모습 역시, 할 일 없이 침대에 누워 하루 종일 영화나 보는 모습에 지나지 않았다. 가끔 백수 시절에 관한 이야기를 나누다 보면, 직장 다닐 때 모아 놓은 돈이 있어서 여유롭게 보낸 줄 안다. 하지만 직장 다닐 때 적금 한번 들어 본 적 없이 하루살이처럼 오늘만 살았다. 그런 내 통장에 돈이 남아 있을 리 없었

다. 그 시절의 나는 시간 부자였지만 동시에 극심한 생활고를 견뎌야 했

고, 잉여와 여유 사이에서 외줄 타기를 하며 심적 외로움을 견뎌야 했다.

최소한의 일만 하며 살 수 없을까

나는 창업 전 수천만 원의 마이너스 통장을 가진 백수였다. 직장을 퇴사하고 2년간 일을 전혀 하지 않았다. 처음에는 그간 열심히 일한 나에게 안식년을 선물해 줄 계획이었다. 하지만 눈 깜짝할 사이에 첫해가 흘렀고, 바로 그다음 해가 흘렀다. 첫해는 참 평온했던 것 같다. 시간에 쫓기며 생활하지도 않았고, 마음먹고 안식년을 갖기로 해서인지 일에 대한 압박도 없었다. 그저 눈이 떠질 때 일어나 하루를 시작하고 눈이 감길 때 하루를 마무리하는 일상의 연속이었다.

하지만 충만한 여유를 만끽하다가도 돈에 대한 압박은 시도 때도 없이 찾아와 심장을 쫄깃하게 했다. 그때마다 새로운 직장을 구해야 하나 고심하며 이력서를 작성해 보았지만, 이내 직장엔 다시 돌아가지 않겠다며 버티느라 마이너스 통장의 액수가 더 늘었다.

안식년 동안 직장 생활 하면서 쌓인 피로가 풀렸기에 다시 돌아가서 일해도 괜찮은 상태였다. 하지만 직장 생활보다 지금처럼 **시공간의 제약에서 벗어나 여유로운 라이프스타일을 유지하며 일하고 싶었다.** 그런 호기 덕분에 마이너스 통장은 더 깊은 마이너스를 향해 갔다. 그런 환경에서도 굴하지 않고 호기로움을 현실로 구체화해 보겠다며 본격적으로 창업을 준비하기 시작했다.

마음만 본격적이지 실상 무엇을 어떻게 시작해야 할지 몰랐다. 우선 창업이 무엇인지 감이라도 잡기 위해 서점으로 향했다. 서점엔 관련 서적들이 형형색색 눈에 띄는 표지를 하고 있었다. 소자본 창업이나 스마트 스토어 같은 온라인 창업을 권하는 책들도 있었고, 창업 실무와 세무에 이르기까지 주제도 다양했다. 한동안 서점을 들락날락하며 관련 서적을 읽었다. 책을 읽다 관련 세미나에 참석해 보기도 했고, 상담을 받아 보기도 했다. 다채로운 사람들의 경험담은 창업의 방향성에 대해 고민해 볼 수 있는 영감을 선사해 주었고, 덜어 내야 할 것들에 대한 조언을 얻을 수 있었다.

하지만 스스로 일에 대한 기준이 서지 않은 상태에서, 여러 사람의 경험담을 그저 듣기만 하는 것은 불확실한 미래에 대한 고민을 더 복잡하게 만들기도 했다. 몇 주를 이리저리 방황하며 시간을 보내고 난 후, 잠시 여행을 떠났다. 한적한 곳에서 일에 대해 고민해 볼 시간이 필요했다. 창업이라는 무언가 새로운 시작, 거창한 관점에서 벗어나 그간 해 왔던 일을 돌아보고, 이제부터 어떤 일을, 어떻게 하며 인생을 살아가고 싶은지에 대해서.

좋아하는 일로 창업하지 않은 이유

인도와 네팔을 오가며 여행을 하던 중, 북부 산간 지방에서 한 여행자를 만난 적이 있다. 호주에서 온 그는 이마에 깊은 주름이 있었고, 여행을 오래 다닌 사람 같았다. 그와 함께 저녁 식사를 하며 무슨 일을 하고 있는지 물었다. 그는 로케이션 매니저라고 했다. 당시 학생이었던 내겐 생소한 직업이었다. 구체적으로 어떤 일을 하는 거냐고 물으니 주로 영화 촬영지를 찾아다닌다고 했다. 그의 말을 듣는 순간 소름이 돋았다. 영화를 볼 때마다 늘 궁금했는데. 도대체 저렇게 기막히도록 아름다운 장소는 누가 발견했을까! It was you!

마치 언젠가 꼭 한번 만나고 싶은 사람을 만난 것처럼 흥분한 나는 이 것저것 질문을 해댔고, 그는 잔잔한 미소를 지으며 생각보다 이 일이 얼마나 고되고 힘든지, 일상이 얼마나 너저분해지는지, 그럼에도 불구하고 그 일을 얼마나 사랑해 왔는지에 관한 이야기를 들려주었다.

당시 20대 초반이었던 나는, 한국에 돌아가면 하고 싶은 일이 많았다. 중동의 한 가정에 초대받았을 땐, 승무원이었던 아름다운 두 모녀의 이야기를 들으며 외국 항공사 승무원이 되고 싶었고, 붉은 노을이 지고 해가 다 저물도록 문화 유적지에 매료되어 있을 때면 고유의 역사와 문화를 전하는 이야기꾼이 되고 싶었다. 동남아의 여러 국경을 넘나들며 배낭여행을 나닐 땐 세계 구호 활동을 하며 현지에 정착해 사는 삶에 대해 고민하기도 했다. 여정이 길어질수록 하고 싶은 일은 다채로워졌고, 한 해를 더 넘긴 후에야 집으로 돌아왔다. 한국으로 돌아온 후 학교에 돌아갈 마음이 없어 바로 직장을 구하기로 했다. 졸업까진 한참이나 남은 상태인 데다 그 흔한 토익 점수 하나 없으니, 그간 쌓아놓은 스펙이랄 건 아무것도 없었다. 서류가 준비되지 않았다고 직장을 구하지 못할 건 없지 않은가. 나는 내 여건과 기준에 맞는 직장을 찾기 시작했고, 관련 분야와 후보 직종을 여러 개 고민하다 그간 내 돈 들이며 여행을 다녔으니 돈 받으며 해외를 다닐 수 있는 직업을 갖고 싶었다. "해외 출장 자주 다니는 일" 그것을 내 업으로 삼기로 했다.

나는 단순한 게 좋다. 직장도 이런저런 요구 조건 따질수록 기대치만 높아질 뿐, 일단 들어가서 일을 해 봐야 뭔지 알 것 아닌가. 생각을 바로 행동으로 옮기기 위해 직장을 물색했고, 눈에 들어오는 회사를 발견했다. 공정여행의 가치를 전하는 사회적 기업이었는데, 공정여행은 공정무역에서 따온 개념으로, 자연 생태계와 현지 문화를 보호하며 현지인의 권익을 존중하는 여행을 의미한다. 주 업무는 그 가치를 기반으로 여행 프로그램을 기획하는 일이었다. 해외에선 Responsible Tourism 이나 Eco Tourism 으로 공정 여행의 개념이 널리 알려져 있었지만, 한국에서는 이제 막 시작 단계였다. 그간의 여행 경험이 도움이 되었는지 감사하게도 첫 직장에 입사하게 되었다. 공정여행을 기획하는 일 외에도 인도 바라나시 학교 설립 프로그램이나 다문화 행사를 지원하는 일은 재미있었다. 그 후 기업의 출장 및 학회, 인센티브 투어를 담당하는 MICE 회사로 이직해 다년간 질리도록 해외 출장을 다녔다. 한 번 더 이직했지만, 직장 구할 때의 단 한 가지 기준이었던 "해외 출장 자주 다니는 일"이란 조건은 변함이 없었다.

직장 시절 내내 출장 다니는 업무만 했다 보니, 주변에선 잦은 해외 출장을 부러워하는 이들도 있었다. 하지만 아름다운 풍경 사진의 이면에는 육체적으로나 정신적으로 감내해야 할 피로와 고단함이 턱 끝까지 차올라 있었고, 부단한 체력 관리와 적절한 휴식을 스스로 취할 줄 모르면 쉽게 번아웃 올 수 있는 환경의 연속이었다. 인도의 작은 산간 지방에서 만난 로케이션 매니저의 삶과 별반 다를 게 없었다. 그럼에도 나는 그 일을 무척이나 사랑했고, 각 나라의 고유한 역사와 문화를 알아 갔던 시간, 몸도 마음도 지칠 때면 마치 선물처럼 눈앞에 펼쳐진 경이로운 풍경들, 다른 문화적 배경을 가진 사람들과의 귀한 인연이 자산으로 남았다는 사실에 늘 감사할 따름이었다.

그때의 나는 좋아하는 일을 하고 있었던 것 같다. **힘들어도 힘든 줄 몰랐고, 당연하지 않은 것들을 당연한 듯 감내하며 버티고 있었다.** 하지만, 사업은 그와 같은 맥락으로 접근해선 안 됐다. 이 분야로 창업을 할 마음도, 관련 분야의 일을 더 할 마음도 없었다. 이미 좋아하는 일은 원 없이 해 봤기 때문이 아니다. **좋아하는 일에 몰두해서 사는 것과 좋아하는 일을 세상에 증명하며 결과를 만들어 내는 일은 엄연히 다른 차원의 문제였고, 좋아하는 일이란 명분에 얽매여 힘들 때마다 나 자신을 채찍질하며 살고 싶지 않았다.** 무엇보다, 좋아하는 일은 돈 받으면서 할 때, 가장 즐길 수 있다는 것을 너무도 잘 알고 있었다.

디지털 노마드 시대
여유로운 삶의 방식

창업을 고심할 때, 어떤 분야의 일을 하고 싶은지, 어떤 포부를 실현하며 살아갈지 보다, 조직에서 벗어나 차분히 혼자서 오래도록 일할 수 있는 근무 환경을 구축하고 싶었다. 당시 내가 원하던 이상적인 근무 조건은 이랬다.

출퇴근이 없는 삶. 오후 1시까진 방해받지 않을 시간적 여유, 시공간의 제약에서 벗어나 언제 어디서 일할지 스스로 선택할 수 있는 자유. 거기에 반드시 갖춰져야만 하는 현실적인 조건으로, 초기 자본금이 많이 들거나 창업 후에 지속해서 고정 지출의 위험을 감수해야만 하는 일은 절대적으로 NO. 연 매출이 직장 다닐 때 연봉보다 적더라도 일상에서 더 풍요로운 시간을 보낼 수 있다면 OK.

요즘은 이런 궁리를 하는 젊은이들이 많을 것 같다. 10년 전만 해도 이상적이었던 근무 환경이 바이러스 덕분에 빠르게 현실화되고 있으니 더는 이상적이란 표현이 어울리지 않을지도 모른다. 재택근무가 빠르게 정착되어 가고 있고, 일보다 일상을 중요시 생각하는 사람들도 많아지고 있다. 혹시라도 이 조건이 여전히 이상적이라고 생각한다면, 이참에 가능성을 좀 더 넓혀 보는 게 어떨까. 이상을 현실로 끌어 올 방법은 생각보다 많고, 외부 환경까지 도와주고 있으니 일하는 방식에 변화를 두기 좋은 시기이지 않은가.

출퇴근이 없는 삶을 우선적 가치로 두었던 건, 여유 시간에 대한 갈망이 컸기 때문이었다. 직장 생활이라는 게 11시에 출근해서 오후 4시에 퇴근할 수 있는 근무 환경이라면, 꼬박꼬박 나오는 월급을 마다할 이유가 없다. 오히려 직장에 머무는 게 신체적으로나 정신적으로 더 건강한 삶을 유지할 수 있는 환경일지도 모른다. 하지만, 당시 내 출근 시간은 오전 8시 반이었고, 6시라 들었던 퇴근 시간은 특별한 일이 없는 한 지켜지지 않았다. 야근에 철야, 장기 출장까지 겹치면 선택의 여지는 더욱더 없었다. 결국 이곳을 탈출하기 위한 선택은, 이상적인 조건의 회사로 이직하거나 근무 환경을 스스로 만들거나. 당시 내겐 후자가 더 쉽게 다가왔다.

아무래도 시공간의 제약에서 벗어난 근무 환경을 우선순위로 두다 보니, 자영업은 아예 생각조차 하지 않았다. 초기 자본금도 없었지만, 설사 돈이 있었다고 해도 카페나 레스토랑, 쇼핑몰 등 나만의 특색을 표현하고 싶을 만큼 열정이나 패기도 없었을뿐더러 임대료나 인건비, 유지 관리비에 드는 고정 지출을 감당할 자신도 없었다. 가게에서 온종일 진을 치고 있을 자신은 더욱더 없었다. 구매 대행이나 온라인 스토어를 활용한 창업도 고민을 해 봤다. 하지만 진입 장벽이 낮을수록 경쟁이 치열했고, 온라인 마케팅에 계속 혈안이 되어 살고 싶진 않았다. 그렇게 이것저것 따지다 하염없이 백수 기간이 길어졌지만, 세상의 소리에 귀 닫고, 눈 감고 오로지 일을 최소화하면서도 풍요로운 일상을 누리며 살 궁리에만 집중한 덕분에 현재는 꽤 자유롭고 여유로운 라이프스타일을 누리며 살고 있다.

나는 책과 관련된 일을 한다. 라이프스타일 코칭이 주를 이루지만 상담 내용은 전적으로 비공개로 진행되다 보니 외부적으로 공개되어 있는 분야는 출판 분야로 노출이 되어 있다.

평소 책을 좋아하는 편은 아니었지만, 창업을 고민할 당시 좋아하는 일이나, 특정 분야를 선호한 것은 아니었기에 우연히 등 떠밀리듯 시작한 이 일을 최대한 여유로운 라이프스타일을 유지하는 데 최적화되게 운영하며 살아가고 있다. 물론, 고정 지출이나 위험 부담을 최소화하면서 말이다. 처음 책과 관련된 일을 시작했을 때, 기존의 출판 방식에서 벗어나 되도록 일을 최소화할 수 있는 시스템을 만드는 데 집중했다. 가장 우선적으로 한 일은, 불필요한 일을 제거하고 덜어 내는 것이었다. 그래야만 내가 집중하고 몰입할 수 있는 중요한 일이 선명하게 보일 테니까.

한 권의 책이 세상에 나오기까진 많은 단계를 거친다. 작가의 원고가 잘 마무리될 수 있도록 편집자와 교정 교열을 담당해 주실 글 작가들의 도움이 필요하고, 편집 디자이너, 인쇄와 유통, 출판 마케팅에 이르기까지 업무가 상당히 세분화되어 있는 분야이기도 하다. 그 수많은 일을 처음부터 끝까지 혼자 감당해서 끌고 가려고 하면 일이 이만저만이 아니다. 몇십 년차 베테랑 출판인도 본인 스스로 편집 디자인까지 완벽하게 잘 다루지 않는 한 혼자 모든 걸 감당하며 일하기란 쉽지 않다. 당시 나는 그 모든 일을 혼자서 감당할 자신도 없거니와, 굳이 그렇게 해야 할 이유도 없었다. 덕분에 가장 집중해야 하는 상담이나 원고 기획에 시간을 중점적으로 투자했고, 각 파트별로 프리랜서와 출판사와의 제휴를 통해 책을 유통 대행하는 방식을 택했다. 물론, 기획료와 제작비를 선금으로 받고 모든 일을 처리했기에 출판 업계의 고질병이었던 돈의 흐름도 순환이 잘 되는 편이었다.

심지어 내 책을 출판할 때도 출판사와 계약을 하거나 유통 업체에 대행을 맡기기 때문에 불필요한 잡무를 최대한 덜어 낼 수 있었다. 불필요한 일을 덜어 내고 포기할수록 시간과 돈을 번다. 시간을 버는 것은 명실상부한 일이고, **불필요한 일을 덜어 낼수록 돈이 되는 일에 더 집중할 수 있다.** 몇 푼 더 벌기 위해 불필요한 일을 붙들고 있느니 개인의 지적 자산과 투자 자산을 늘리는 데 시간을 투자하는 편이 낫다는 말이다.

사실상 어떤 분야의 일이든 일을 최소화하며 여유로운 삶을 살아가는 것은 개인의 삶의 방식이지 분야나 업계의 환경을 탓할 필요는 없다. 그보다 중요한 것은, 자신의 라이프스타일을 최대한 존중하며 오래도록 할 수 있는 근무 환경을 스스로 만들어 가는 데 집중해야 한다는 것이다.

적게 일하고 많이 벌 수 있던 원동력

대표마다 회사를 운영하는 이유는 각기 다르다. 누군가는 자아실현이나 성공을 목표로, 누군가는 사회에 긍정적인 영향력을 선사하고자 하는 원대한 포부를 실현하기 위해 회사를 설립한다. 하지만 나는 원대한 포부와는 다소 거리가 멀었다. **그저 일에 할애하는 시간보다 일상을 더 여유롭게 보내고 싶은 원초적인 욕구를 구체화하기 위함이었다.** 그저 시공간의 제약 없이 여유 시간을 많이 보낼 수 있는 환경이라면 어떤 분야의 일을 하든 그리 중요하지 않았다.

삶에서 "여유"를 가장 우선순위에 둔 이유는, 학창 시절부터 목표 지향적인 삶보다 **"일상을 누리는 삶"**에 중점을 두고 살아왔던 사고방식 덕분이었다. 학창 시절에는 좋은 대학에 가고 싶은 목표보다 학생으로서 지금 누릴 수 있는 것을 즐기는 데 중점을 두고 살았다. 사회생활 하면서도 안정적인 미래를 대비하기 위해 자격이나 요건을 갖추기보다 마치 하루살이처럼 당장 눈 앞에 펼쳐진 일에 몰두하며 틈만 나면 여유를 부릴 궁리만 했다. 곁에서 보면 내일 당장 어떻게 될지 모르는 불안정한 삶의 연속이었다. 하지만 그 불안감은 눈 앞에 펼쳐진 상황을 헤쳐 나갈 수 있는 힘을 길러 주는 원동력이 되었고, 타인의 시선이나 사회적 기준에서 벗어나 소유와 성공에 집착하지 않고 본연의 모습으로 성장할 수 있는 발판이 되었다.

취준생이 아닌 이상 일을 했던 사람일수록 3개월 아니, 단 한 달도 자신을 위해 여유 시간을 용납하지 못하는 사회다. 그 속에서 드러나지도 않는 "여유"라는 가치를 추구하며 눈 감고, 귀 닫고, 입 다물고 버텨낸 지질한 시간이 고스란히 경험과 노하우로 쌓였기에 "여유"라는 가치를 전하는 메신저가 될 수 있었다. 만약 이러한 과정 없이 단지 일에서 벗어나고 싶어서, 혹은 경제적 자유와 시간적 여유를 누리고 싶다는 막연한 바람만으로 회사를 운영했다면 처음부터 일을 최소화하며 안정적으로 운영하지 못했을 것이다.

주변엔 창업하면 한순간에 인생이 바뀔 거라 착각하는 이들도 있다. 하지만 막연히 그간 일하던 환경에서 벗어나 자유롭게 살고 싶다거나, 당장에 적게 일하고 많은 돈을 벌고 싶다는 요행을 바랄수록 **여유로운 라이프스타일을 유지하며 일을 최소화하는 건 쉽지 않을 것이다.** 게다가 노동 시간 대비 돈을 많이 벌 수 있는가는 개인마다 천지 차이가 난다. 이는 사람마다 돈을 버는 시기가 따로 있기 때문이다. 여기서 "시기"란, 나이가 많고 적음을 의미하는 것이 아니다. 나이를 떠나, 그간 쌓아온 역량이 돈으로 환산되는 때를 말하는 것이다.

요즘은 10살 아이가 자신이 좋아하는 장난감을 소개하는 것만으로도 억대의 연봉을 벌기도 한다. 미디어에서는 억 소리 나는 연봉만 강조하며 사람들의 이목을 끌기도 하지만, 그가 어린 나이에 억대의 연봉을 버는 것은 결코 한순간에 이루어진 성과가 아니다. 유독 장난감을 좋아했던 그 아이는 아장아장 걸을 때부터 한시도 장난감을 손에서 뗀 적이 없다. 장난감이라면 그 어디다 내어놓아도 자신 있을 만큼 애정과 관심이 많았던 시간이 고스란히 쌓여서 돈으로 환산된 것이다.

영재 발굴단에 나오는 아이들은 전부 놀랄 정도로 이미 한 분야의 고수인 경우가 많다. 그들이 하루하루 몰입하며 쌓아온 시간은 그럭저럭

보내온 시간과 결코 비교할 수 없는 수준이 되는 것이다. 나 역시 직장을 퇴사하고 회사를 설립해서 한순간에 적게 일하고 많은 돈을 벌게된 것이 아니다. 수십 년간 여유라는 것이 의식과 몸에 체화되어 살아왔던 그간의 삶의 방식과 경험이 고스란히 돈으로 환산된 것이다. **일보다 일상을 중요시했기에 일을 최소화할 수 있었고, 성공보다 여유를 갈망했기에 어떤 환경에서든 여유를 잃지 않고 사람을 대할 수 있었다.**

돈은 너무도 정직해서 자신의 역량만큼 돌고 돈다. 그렇기에 경험과 내공이 쌓이지 않은 상태에서 큰돈을 벌면 향후에 감당할 수 없는 후폭풍에 사로잡히거나, 분수에 넘치는 것을 감당하며 하루하루를 살아가느라 삶이 버거워진다. 물론 여유란 눈을 씻고도 찾아볼 수 없는 사람이 되는 것도 당연지사다.

그동안 누구보다 열심히 살아왔는데 도대체 내가 돈 벌 시기는 언제 오냐며 한탄할 이유도 없다. 이 책을 읽는 단 한 시간 만이라도 그간 열심히 노력한 것에 비해 왜 돈과 시간의 가치가 나에게 온전히 환산되어 돌아오지 않았는지에 대해 스스로 질문하고 답하다 보면, 쾌쾌하게 먼지만 쌓여 모습을 드러내지 않던 당신만의 경험과 내공이 점차 선명하게 보일 것이다.

2장. 일단, 퇴사부터 여유롭게

: 퇴사를 결심하면서 돌아봐야 하는 것들

퇴사를 고심하고 있는 당신에게

특강을 진행하다 보면 회사를 운영하시는 분들뿐만 아니라 직장인의 참석 비율도 꽤 높은 편이다. 주로 CEO 본연의 역량을 다듬으며 자신에게 최적화된 라이프스타일에 맞게 회사를 운영하는 전략을 주로 다루다 보니, 이미 회사를 운영하는 참가자는 각 회사의 특성에 맞게 적용할 것들을 고심하는 반면 직장인은 하나같이 퇴사를 고심한다.

직장 생활을 하다 보면 정해진 시공간에 몸이 매여 있다는 사실만으로도 갑갑함이 치밀어 오를 때가 있다. 출퇴근 지옥철을 견뎌 내는 것은 기본, 온종일 고객한테 시달리다 밥도 제대로 못 먹었는데 퇴근만 하려고 하면 슬그머니 일을 떠넘기고 가는 얄미운 상사까지 곁에 있을 땐, 정녕 내가 이곳에서 미생 짓을 언제까지 해야 하나 싶다. 물론, 자신의 역량을 제대로 발휘할 수 없다며 퇴사를 고심하는 이들도 적지 않다. 하지만 조직에선 역량을 마음껏 펼치고자 하는 이들의 기를 주기적으로 누르다 보니 이들에겐 늘 관계의 어려움이 따라다닌다. 별종이나 또라이 같은 수식어를 한 번쯤 들어 본 당신이라면, 아마 변화를 갈구하는 욕망이 들끓는 사람일 테다. 하지만 그중 직장을 박차고 나와 자기 일을 하는 이들은 소수일 뿐, 아직은 아니라는 불안함에 다시 직장을 찾는 이들이 더 많다.

창업하기 위해 나름 치밀하게 전략을 짜는 직장인도 있다. 더 좋은 조건으로 이직하면서 연봉을 올리기도 하고, 회사 일보다 창업 준비에 시간을 더 할애하며 수년째 동분서주하느라 바쁜 이들도 있다. 그들은 늘 자신이 아는 것도 많고 철저히 분석적이라 리스크를 최소화하고 있다고 어필하지만 그래서 회사를 운영하고 있냐고 물으면 이런저런 핑계를 대기 바쁘다. 머리에만 주워 담은 그 지식을 언제 어떻게 활용할진 나도 참 궁금하다.

나는 어떤 이유에서건 창업을 고심하는 직장인에게 무턱대고 퇴사를 권하는 편은 아니다. 특히 창업을 직장 생활의 도피처로 생각하는 이에겐 더욱더 그렇다.

퇴사하고 싶어서 불나방처럼 이리저리 기웃거릴 시간에 차라리 어떻게 하면 회사를 더 잘 활용할지 고민하는 데 집중하라 한다. 퇴사하지 말라는 것이 아니다. 당신은 분명 퇴사를 할 사람이고, 할 것이다. **다만, 그 전에 돈을 받으면서 업무 외적으로 본인의 역량을 발휘해 볼 수 있는 것들을 한두 가지 실험해 보고 나오라는 것이다.** 퇴사하기 전에 본인 역량으로 무언가 할 수 있다는 감흥을 느껴 보는 시간은 매우 중요하다. 지겨워서 혹은 싫어서 나올수록 삶에 득이 되는 게 없다. 어차피 퇴사하면 다시 돌아오지 않을 회사에서 직장인으로서 더 누릴 것은 없는지 한번 들여다보자는 것이다. 그런 마음으로 출퇴근하다 보면 생각보다 이 안에서도 할 수 있는 게 많다는 것을 새삼 발견하게 된다.

이런 시간을 중요시하는 이유는 **직장 생활이 힘들어서 창업한 사람치고 최소한의 일만 하며 여유롭게 사는 사람을 본 적 없기 때문이다.** 창업한다 해도 그간 힘들어했던 요인이 결코 한순간에 사라지지 않는다. 오히려 혼자 고스란히 감당해야 할 무게감만 더 커질 뿐이다. 사람과의 관계가 힘들어서 나온 사람은 여전히 관계 속에서 힘들어한다. 월화수목금금금 일만 했던 이들일수록 회사 설립부터 운영까지 한시도 일을 손에서 놓지 않고 산다. 타인의 관심과 인정을 바라던 이들은 어떻게든 그 기준을 맞추기 위해 밤낮없이 고군분투하는 데 열을 올린다. **더 최악인 건 창업 후 수년간 온갖 기를 쓰며 살아도 직장 다닐 때의 월급조차 벌기 쉽지 않다는 사실이다.**

출퇴근 지옥철에서 벗어나는 여유

직장 생활을 하면서 이직을 몇 번 했지만, 기본적으로 해외 출장을 다니는 업무의 범주를 벗어나진 않았다. 꾸준히 출장을 다니는 업무를 했던 건 회사 선정 기준이 "해외 출장을 자주 보내 주는 곳"이었기 때문이었다. 그 외적인 요인은 단 하나도 보지 않았다. 연봉이나 타이틀, 직책에 대한 욕심도 없었다. 갖추고 싶은 것들에 대한 욕심이 없다 보니 그만큼 불평불만을 하는 일도 적었다. 오로지 돈을 받으며 해외 출장을 다닌다는 사실 하나만으로도 감사할 따름이었다.

하지만 그런 내게도 싫은 요인 두 가지가 있었다. 그건 바로 출퇴근 지옥철과 꼴도 보기 싫은 상사와의 관계였다. 직장인에게 출퇴근 지옥철은 피할 수 없는 숙명과도 같다. 그러니 짜증만 내고 있을 시간에 짜증을 조금 덜 수 있는 전략을 세우는 편이 낫다.

당시 주로 사용했던 전략은 외부 미팅이 없는 날이면 운동화를 신고 아이폰 하나만 들고 지하철을 타는 것이었다. 이런 날은 세상 발걸음이 가볍다. 거기에 신나는 노래까지 들으며 출근하다 보면 절로 흥이 나 몸도 마음도 가벼워진다. 지하철이나 버스에서 잔뜩 인상을 찌푸리고 피곤한 얼굴을 한 직장인을 보면, 늘 손에는 무거운 가방이 들려 있다. 그 안에는 온갖 잡동사니와 파우치, 심지어 두꺼운 책이나 제때 처리하지 못한 서류도 들어 있을 것이다. 그의 어깨가 축 처진 건 그 가방도 한몫을 하지 않을까 싶다. 이 무거운 짐 하나만 덜어 내도 스트레스가 반은 줄어든다. 못 믿겠다면 당신도 한번 실험해 보라. 단지 가방 하나 덜어 냈을 뿐인데 발걸음이 한결 가벼워진다.

거기다 마음가짐에 약간의 변화를 주면 짜증이 반의반으로 줄어든다. 이를테면 출입문이 열리고 벌떼처럼 사람들이 들어와 납작한 오징어가 될 때 차분히 눈을 감고 웅장한 클래식 음악을 들어 보는 것이다. 수많은 인

파 속에 내 몸은 찌그러져 있는데 정신은 매우 맑아진다. 겨울엔 지하철을 탄 사람들의 체온 때문에 따뜻함마저 느껴진다. 그렇게 손에 쥐고 있던 무거운 짐을 내려놓고 웅장한 클래식에 집중하다 보면 내릴 때쯤 피로감이 한결 덜어진다.

관계의 덫에서 자유로워지는 여유

싫은 사람은 곧 죽어도 싫다. 처음부터 정이 가지 않는 사람은 계속 정이 안 간다. 착한 사람으로 보이려 애쓰지 않고 욕구 그대로 살아온 사람이라서 그런가 보다. 여전히 사람과의 관계에서 그리 노력을 하지 않는 편이다. 하지만 일을 할 때는 싫은 감정 때문에 스트레스를 받을 수 있으니 짜증 지수를 내리기 위한 약간의 노력이 필요하다.

싫어하는 상사가 한 분 있었다. 사람도 정이 안 가는데 하는 짓은 더 정이 안 갔다. 그는 온종일 아무 소리도 안 하다가 퇴근하기 전에 일을 던

지고 가기 일쑤였다. 프로젝트를 함께 진행할 때면 여러 번 같은 일을 반복하게 했고, 결국엔 다시 원점으로 돌아가는 삽질로 귀결됐다. 금요일 퇴근 시간만 기다리는 직장인을 서류 하나 가지고 밤 10시까지 잡아 두는 그를 도통 이해할 수 없었다. 착한 직원이었으면 군소리 없이 일했겠지만, 난 그리 착한 직원이 아니었기에 그에게 늘 돌직구를 날렸다. 그럴수록 불필요한 업무를 붙들고 있어야 하는 시간은 더 늘었다. 상하 관계에서 이런 과정을 반복하다 보니 내겐 득이 될 게 없었다. 그와 일하는 방식을 바꿀 순 없다고 해도 사람을 싫어하는 마음을 어떻게 하면 조금이라도 내려놓을 수 있을까 고민했다. 머릿속으로 계속 궁리를 하다 보니 어느덧 내 시선은 그를 향해 있었다.

나는 계속 그를 관찰했다. 아침부터 퇴근할 때까지 일도 안 하고 몇 날 며칠 계속 그만 관찰했다. 부스스한 머리에 무좀 양말을 신은 발을 만지작거리고 있는 모습을 볼 때면 '저렇게 나이 들지는 말아야지'라는 생각이 들었다. 임원 회의에서 한바탕 깨지는 그를 보면 '일 처리를 저렇게 하니 밑에 있는 직원들이 힘들지'라며 비아냥거리기도 했다. 고객사와 통화하는 이야기를 듣고 있을 때면 애먼 일이 늘어나겠다며 한숨을 쉬기도 했다. 아무리 보고 또 봐도 일과 관련된 건 죄다 마음에 들지 않았다.

하지만 이런 감정만 스친 것은 아니었다. 회의하고 있는데 그에게 전화가 한 통 걸려 왔다. 목소리 톤이 한결 밝아진 그는 얼굴에 미소를 품고 있었다. 순간 누구와 통화를 하기에 저렇게 밝은 표정을 짓나 싶었다. 그와 함께 일했던 직장 후배였다. 이전에도 통화하는 모습을 본 적 있기에 익숙한 이름이었다. 그는 10년째 계속 안부를 물어오는 후배이기도 했다. 오랜 시간 곁에서 아껴 주는 사람이 있다는 생각에 새삼 그가 다르게 보이기도 했다. 그저 꼴도 보기 싫을 때는 행동 하나도 거슬리더니, 계속 그를 관찰하고 있다 보니 오른쪽 눈을 깜박이는 습관마저 귀여워 보일 때도 있었고, 딸아이와 통화할 땐 세상 그 누구보다 다정한 아빠의 모습이 그려지기도 했다.

반복되는 그의 일과를 관찰하다 보니 어느새 미워하는 마음보다 그 자리를 지키기 위해 일상에서 포기한 것들이 얼마나 많을까 하는 측은한 마음이 들기도 했다. 생각해 보면 내가 싫어하는 누군가가 다른 이에게는 세상 그 누구보다 소중한 존재일 수 있다. 가족을 제외하더라도 누구에겐 한없이 따뜻한 선배를 그의 부하 직원은 세상 정 없는 사람으로 알고 있기도 하다. 한 마디조차 건네기 싫었던 싹수없는 동료가 애인에겐 세상 귀엽고 다정한 사람이기도 하다. 순간 이중인격자인가 싶다가도, 특정 사람만 그런 것이 아닌 우리 모두가 그렇다는 생각이 든다. 환경이나 역할에 따라 비춰지는 모습이 다를 뿐, 그 누구 하나 나쁜 사람은 없다. 그를 계속 관찰하며 보내는 시간이 길어질수록 일하는 방식에 여전히 불편함은 남아 있었지만, 사람을 싫어하지는 않게 되었다.

당신도 나처럼 싫은 상사를 관찰하다 보면 그를 용서하고 사랑하게 될 거라는 말을 하려는 것이 아니다. 그냥 각기 다른 환경에서 자기의 역할에 충실히 살아가는 모습을 보니 사람에 대해 그리 감정적으로 집착할 것이 없었다는 것을 말하려는 것뿐이다. 그를 배려하며 착한 사람이 되라는 것이 아니라 당신 자신을 위해 감정적인 부분을 조금 누그러뜨려 보라는 것이다. 그 사람이 당신 인생에서 얼마나 많은 비중을 차지한다고 줄곧 스트레스를 껴안고 사는가. **나한테 별 도움 안 되는 일은 하나씩 내려놓는 게 상책이다.**

여기에 하나를 더 추가한다면, 사심을 갖는 게 좋다. 애사심이 아니라 지극히 주관적인 사심을 말하는 것이다. 나는 직장 생활 하면서 사리사욕을 챙겼다. 인사부에서 비품을 새로 구매하라고 했을 때는 되도록 내가 갖고 싶은 것을 구매했다. 이를테면 의자가 낡아서 새로 구매해야 할 때 평소 앉고 싶던 의자를 구매하고 결재를 올렸다. 회사에서 문화행사 티켓이 나오면 빠짐없이 신청해 문화 공연을 보러 다니기도 했다. 그 외에도 직장 생활의 크고 작은 스트레스를 줄일 수 있는 요소는 많다.

숙취에 골골대고 있을 때면, 평소 선물 공세를 하면서 애정을 쌓은 건물 청소부 이모님 휴식처에서 눈을 붙이기도 했다. 왠지 마음이 울적할 땐 점심 시간에 김밥 한 줄 사 들고 광화문 거리를 거닐며 마음을 달래기도 했다. 이 모든 행동은 어차피 한동안 직장 생활을 할 테니 있는 동안 심적으로나마 더 즐거운 마음으로 일에 집중하기 위함이었다. 일상의 소소한 변화와 심적 여유를 중요시하며 사는 편이었던 내겐 직장에서 겪는 스트레스 지수를 줄이기 위한 이런 시도들이 긍정적이었다. 하지만 이런 이야기가 너무 평범하다고 생각한다면, 퇴사하기 전에 드라마틱한(?) 변화를 겪은 분들의 이야기도 한번 들어 보자.

직장 다니면서
창작 활동 즐기는 여유

여교사 한 분이 상담을 받으러 왔다. 그녀는 현직 18년 차 교사였다. 몇 년 후면 연금이 나오는 그녀였지만, 연금을 받지 않아도 좋으니 더는 수업하기 싫다고 했다. 이제 수업은 그만하고 대학원에 들어가 심리 상담을 배운 뒤 심리상담사가 되고 싶다는 것이다.

하지만 그녀의 선택이 무작정 지금의 현실에서 벗어나고 싶어서인지 자신이 정말 원하는 삶을 위한 결심인지 아직 확신할 수 없는 상태였다. 변화의 시기일수록 자신이 하고 싶은 것을 제대로 알기 위해서는 **지금 하**

기 싫은 것을 먼저 정리할 필요가 있다. 막연히 하고 싶다고 여기는 것들이 대개는 자신을 위해서라기보다 다른 사람의 시선을 의식해서 나오는 것들이거나, 지금 겪고 있는 환경에서 벗어나고 싶어 나오는 것일 우려가 있기 때문이다.

교사를 그만두기 전에 좋고 싫음을 떠나 객관적으로 18년간의 교사 생활을 글로 정리해 보는 시간을 갖기로 했다. 그녀가 의식의 흐름대로 써 내려간 글은 순식간에 한 권의 자서전이 되었다. 그 속엔 그녀의 어릴 때 꿈이 교사였다는 것과 꿈을 이룬 순간부터 지금까지 학생들과 함께한 잊지 못할 추억이 가득 담겨 있었다. 그저 막연히 수업하기 싫다고 했지만 수업 진도를 나가는 것이 싫다는 것일 뿐, 스승의 날이면 해마다 찾아오는 학생들이 많은 인기 좋은 선생님이었다. 그간의 교사 생활을 정리하면서 삶에 활력을 되찾은 그녀는 교사직을 그만두기보다 학교 내에서 스스로 역량을 뽐내며 즐길 수 있는 일을 찾아보기로 했다.

우선 책을 집필해 본 경험을 기반으로 학생들과 함께 "14살에 쓰는 자서전"이란 테마로 자유학기제 프로그램을 신설했다. 이전에 전혀 시도해 보지 않았던 도전이었기에 두렵고 막연한 마음이 앞섰지만 60여 명의 학생들이 각기 다른 감성으로 창작물을 만들어 내는 것을 보며 교사로서의 역할과 삶에 대해 깊이 있게 들여다보는 시간을 가질 수 있었다. 그 후 심리상담사가 되고 싶다던 그녀는 어느덧 학교에서 상담 부장 교사가 되어 아이들과 한층 더 깊이 있는 이야기를 나누는 교사가 되었고, 교사들과 함께하는 인문학 동아리를 신설하기도 했다. 물론 그녀의 일상도 한층 더 즐거워졌다.

공무원에 대한 기존의 고리타분한 인식을 새롭게 바꿔 준 이도 있다. 그는 경찰이 된 이후 여러 부서를 옮겨 다니며 다양한 경험을 쌓았다. 경찰 내에서만 수십 가지의 다른 보직과 파트가 있다는 것도 그분 덕분에 알게 되었다. 본인이 조금만 관심을 가지면 늘 새로운 환경에서 다양한 경험을 할 수 있다는 것을 몸소 증명해 준 사람이기도 하다. 그는 현재 경찰 근무를 하면서 근무 외 시간엔 음악과 악기를 배우고, 향후 해외 주재관이 되기 위해 꾸준히 역량을 쌓아 가며 일을 즐기고 있다.

이렇게 조직이라는 틀 안에서 한두 번 일상의 변화를 직접 경험하다 보면 새로운 것에 도전할 수 있는 용기가 생긴다. 여기서 용기란 거창한 꿈이나 큰 변화를 위한 결단이 아닌 **지금부터 내 삶을 즐길 수 있는 용기**를 말하는 것이다.

직장을 나오기 전에
제대로 누리고 나오라

상담을 받으러 오신 분 중 직장 생활의 고단함에서 벗어나기 위해 퇴사를 고심하던 분이 있었다. 하지만 아들 둘을 키우는 워킹 대디였기에 무작정 일을 그만두고 원하는 삶을 즐기긴 힘든 상황이었다. 그런 그에게 우선 직장을 다니면서 삶에 활력을 불어넣어 줄 여유를 먼저 찾아보자고 했다. 직장인에게 회사 다니면서 여유 부릴 궁리를 함께 해 보자고 하면, 일이 바빠 커피 한잔 제대로 마시지 못하는데 무슨 여유 부릴 궁리냐며 볼멘소리를 해 댄다. 하지만 출퇴근 지옥철을 벗어나기 위한 노력이나, 일하면서 단잠을 잘 수 있는 여유를 부리다 보면 너나 할 것 없이 더 적극적으로 여유 부릴 궁리를 하게 된다.

퇴사를 고심하는 직장인들에게 여유나 놀 궁리를 제안하는 이유는 당장 직장을 그만두는 것만이 능사가 아닌 데다, 직장 생활의 고단함은 몇 가지 요인만 스스로 풀어내도 지금보다 한결 가볍게 출퇴근할 수 있기 때문이다. 그 역시 처음에는 긴가민가했지만, 일 외적으로 창작 활동을 한두 차례 도전하면서 금세 일상에 활력을 찾았다.

그가 처음 시도한 것은 직장인 신분으로 청소년 진로 특강을 다녀온 경험을 기반으로 책을 써 보는 것이었다. 고객의 상당수가 창작 활동 중 하나로 책을 선택하다 보니, 책을 쓸 마음이 없던 그였지만 직장 생활에 활력을 불어넣기 위한 놀이 중 하나로 책 쓰기를 선택했다. 하지만 그저 놀이로 가볍게 시작한 책 쓰기는 직장 생활에 적지 않은 변화를 선사했다. 자신의 경험이 콘텐츠가 된다는 것을 경험한 후로는 뚱뚱한 배추와 홀쭉한 무를 보고 다이어트의 폐해를 빙자한 재미난 동화를 쓰기도 했다. 일 외적으로 창작 활동을 하는 시간이 늘어날수록 직장 생활의 재미는 물론 아이들과 함께 보내는 시간도 많아졌다. 그럴수록 그는 더 적극적으로 일을 놀이처럼 즐길 수 있는 궁리를 했고, 사내는 물론 회사 밖에서 진행하는 프로젝트에서 여러 차례 탁월한 성과를 내기도 했다.

3년이 지난 지금, 그는 여전히 직장을 다닌다. 그것도 직장을 돈 받으며 노는 놀이터로 생각하며 즐겁게 말이다. 번아웃 상태일 때는 출근하는 것조차 짜증 나고 힘들었지만, 직장을 돈 받고 노는 놀이터라 생각할수록 즐길 수 있는 것들이 무한하다며 직장 생활 예찬론자가 되기도 했다. 그런 그를 보고 주변에서는 자신의 열악한 근무 환경을 투덜거리며 직원 복지가 좋아야 그런 삶도 가능하다고 말하기도 한다. 하지만 이는 결코 특별한 조건에 놓여 있기 때문에 누릴 수 있는 혜택이 아니다. 환경이 좋고 나쁨은 전혀 문제가 되지 않는다. 물론 일의 많고 적음도 문제가 되지 않는다. **누가 더 마음에 여유를 가지고 사는가에 따라 일과 일상을 대하는 시선이 달라질 뿐이다.**

작년엔 퇴직하신 이사님을 위해 책 출간을 도와드리고 싶다며 그간 이사님께서 아침마다 직원들에게 메일로 보내던 아침 편지를 보내왔다. 글의 내용도 좋았지만, 그보다 이사님을 생각하는 그의 마음이 참 예쁘다는 생각에 입가에 미소가 번졌다. 이토록 소소한 재미로 일상의 변화를 경험한 이들은 타인을 배려할 수 있는 여유가 생긴다. 치열한 변화를 갈망하는 이들에겐 결코 발견할 수 없는 여유이기도 하다.

당신이 현재 직장인이고, 시공간의 제약에서 벗어나 자유로운 삶을 살고 싶다는 마음에 퇴사를 고심하고 있다면, 한 달에서 약 3개월 정도만 창업이나 퇴사에 대한 생각을 잠시 접어 두고 **직장을 다니면서 변화를 시도해 볼 수 있는 것들을 찾아보는 데 시간을 투자해 보라.** 연차와 반차를 끌어다가 몇 주간 혼자 여행을 다녀오거나, 차분하게 앉아 책을 써보거나, 이전에 전혀 경험해 보지 못했던 창작 활동을 취미로 시작해 보는 것도 좋다.

당장 직장에서 벗어나고 싶은 사람에겐 여유를 부리거나 취미 활동에 관심을 두는 것이 그리 흥미롭지 않을 수도 있다. 하지만 **장기적으로 최소한의 일만 하면서 여유로운 일상을 살고 싶다면, 지금 당신이 머무는 공간에서부터 조금씩 여유를 찾는 연습을 해야 한다. 그게 일을 줄이는 습관이고 적게 일하면서 만족도 높은 일상을 살 수 있는 삶의 시작이다.**

Review

해마다 퇴사를 결심하던 직장인,
어느덧 직장을 돈 받고 창작하는 놀이터로 삼게 되다

H사 직장인 김종형 과장

저는 10년 차 직장인입니다. 몇 해 전만 해도 직장인이 최소한의 일만 하면서 여유롭게 사는 것은 불가능하다고 생각했습니다. 평일 주말 구분 없이 12시간 넘게 일하면서 항상 사적인 일보다 회사 일이 먼저였고, 퇴근 후에도 복잡 미묘하게 부여잡고 있던 온갖 스트레스로 취미나 창작은커녕 저 자신을 돌아볼 여유조차 없었습니다. 늦은 시간 집에 돌아와 아이들이 곤히 잠든 모습을 볼 때면 해마다 올해는 꼭 퇴사하겠다는 다짐을 하곤 했습니다.

하지만 직장이라는 조직 내에서도 일을 최소화하면서 나만의 여유 시간을 충만하게 가질 수 있다는 것을 경험한 후부터 제 삶엔 큰 변화가 생겼습니다. 그 변화의 시작은 타인을 향해 있던 시선을 나에게 돌리고 지금의 일상을 들여다보는 것이었습니다. 회사에서 인정받기 위해, 더 좋은 성과를 내기 위해 밤늦도록 끌어안고 있던 일에 대한 집착을 잠시 내려놓고, 있는 그대로의 제 모습을 들여다보기 시작했습니다.

우선 일에 치여 현저히 망가진 몸 상태가 보였고, 가족과 함께하지 못한 지난 시간이 주마등처럼 지나갔습니다. 상사의 기분을 파악하기 위해 온 신경을 곤두세우는 데 집착하느라 정작 제 감정이 어떤 말을 걸어오는지 무시했고, 굳이 하지 않아도 되는 일을 쥐고 전전긍긍하면서 스스로 야근을 자처했던 수많은 시간 속 책임감이란 무게감에 짓눌려 정작 저 자신을 위한 시간을 보내지 못한 것이 후회로 남았습니다.

사실 완벽이란 없고, 틀리면 고치면 되고 잘못하면 혼나면 되는데, 칭찬 일색과 좋은 사람으로 보이기 위해 나를 잃고 애먼 시간을 보냈다는 것을 깨닫게 되면서 일보다 일상에 더 시선을 두며 살게 되었습니다. 단지 시선을 일에서 일상으로 바꿨을 뿐인데, 퇴근 시간이 늦춰지지 않도록 근무 시간 내에 모든 업무를 몰입해서 끝냈고, 특별한 일정이 없어도 연차와 반차를 쓰며 여유롭게 휴식 시간을 보냈습니다. 성과에 집착하기보다 나라는 사람이 좋아하는 것과 즐기고 싶은 것들을 찾아 하나씩 시도해 보며 일상을 보냈습니다.

그 과정에 진정 일상을 누리며 산다는 것이 무엇인지 알게 되었고, 현재는 퇴근 후 운동을 하며 건강을 챙기거나, 근무 외 시간엔 책을 집필하거나 취미 활동을 하며 시간을 보내고, 봉사를 다닐 정도로 마음의 여유도 생겼습니다. 예전보다 훨씬 더 많은 활동을 하고 있지만 아이러니하게도 혼자만의 휴식 시간과 가족들과 함께 보내는 시간이 더 늘어났습니다. 이 모든 변화가 시선을 저 자신에게 두고 일을 최소화하며 여유 시간을 늘린 결과라 할 수 있습니다.

이 책을 읽는 분 중에 직장인이 계신다면, 현재 다니는 직장을 그만두고 자신의 시간을 만들 수도 있겠지만 저처럼 직장생활을 계속하면서도 그 안에서 자신만의 시간을 충분히 가질 수 있다는 말씀을 드리고 싶습니다. 그러면서도 회사에서 제공하는 복지를 최대한 많이 누리고 나오라고 말씀드리고 싶습니다.

아직 저는 회사를 그만둘 생각이 별로 없습니다. 새롭고 엄청난 기회가 찾아오기 전까지는 이 모든 혜택을 다 누리고자 합니다. 마지막으로, 일과 시간에 쫓겨 주변을 돌아보지 못하며 살던 제게 마음의 여유와 일상을 누리는 법에 대한 영감을 선사해 주신 작가님께 감사의 마음을 전합니다.

- H사 직장인 김종형 과장

3장. 독립, 준비부터 견고하게

: 독립을 준비하기 전 생각해 봐야 하는 것들

독립을 준비하고 있는 당신에게

사람마다 체질과 성향이 다르듯, 자신에게 맞는 분야의 일이 있다. 특히 조직 생활은 절대 맞지 않는다는 이들과 대화를 나누다 보면, 이 사람은 정말 자기 사업 해야 하는 사람이구나, 하는 생각이 든다. 예나 지금이나 사업은 자신에 대한 신뢰와 일에 대한 남다른 애착이 있는 사람이 잘 맞는 것 같다.

그런 사람이라면, 독립을 더는 망설일 이유는 없다. 시기의 문제일 뿐, 언젠가 자신만의 방식으로 길을 찾아 떠날 위인이지 않겠는가.

하지만 자기만의 방식으로 살아간다는 것은 생각보다 그리 쉬운 일이 아니다. 자신만의 브랜드 가치로 자리를 잡기까지 상당한 노력과 시간이 필요하고, 부와 성공의 기준을 어떻게 두는가에 따라 근무 환경이나 라이프스타일의 격차도 심하게 나타난다.

요즘은 워낙 프리랜서와 1인 기업의 비중이 높아졌다 보니 시공간의 제약에서 벗어난 삶의 방식을 동경하는 분들이 많은데 그중 여유 시간을 잘 누리는 사람이 있는가 하면, 여전히 일과 시간에 쫓겨 사는 이들도 허다하다. 생각보다 프리랜서의 일상은 너저분하고, 자영업자나 1인 기업가들 역시 간간이 제 몸 하나 건사할 수 있을 정도의 잔고를 맞추며 살아가는 이들도 많다.

그럼에도 불구하고 본인 스스로 자신만의 삶의 방식으로 나아갈 준비가 되어 있고, 더는 일에 매몰된 삶이 아닌 한층 여유로운 라이프스타일을 누리며 살기 위해 독립을 준비하는 분들이라면 이번 장에서 일을 대하는 태도와 마인드에 대한 영감을 얻어 보자.

좋아하는 일만 찾기 전에,
당장 좋아지기

요즘 서점 매대만 둘러봐도 좋아하는 일만 하며 사는 법을 다룬 도서를 쉽게 찾아볼 수 있다. 자신이 좋아하고, 하고 싶은 일만 하며 살고 싶다는 욕구가 그 어느 때보다 강해지고 있다. 하지만 그런 삶을 살고 싶다고 떠들어 대는 이들만 무수히 많아졌을 뿐 정작 그런 삶을 충만하게 누리며 사는 이들은 좀처럼 찾아보기 힘들다. 그나마 현실에 만족하며 살던 이들은 일상에서 누릴 수 있는 감흥에 집중하며 마음이 한결 편해졌다.

하지만 지금의 현실에서 벗어나고 싶거나, 변화를 갈망하던 이들은 비우고 내려놓기보다 더 열정적으로 좋아하는 일을 찾아 밖을 헤매고 다니며

시간을 적지 않게 허비한다. 그들에게 본인이 좋아하거나 잘한다고 생각하는 게 무엇이냐고 물으면, 대개는,

"글쎄요, 아직 찾지 못해서요……"라며 머리를 긁적인다.

그러면 나는, 그간 살아오면서 잘한다고 생각하거나 좋아했던 것들은 무엇이었는지 묻는다.

"딱히 특출하게 잘하는 건 없는 것 같고……. 남들 하는 만큼은 했던 것 같아요."

아주 사소한 거라도 '나는 이건 정말 잘해!' 혹은 '그래도 이건 괜찮은 것 같아.' 싶은 것은 없는지 물으면 그제야,
"주변에 깜빡하는 친구들이 많은데 옆에서 잘 챙겨 주는 편이에요."
"얼마 전 요리를 시작했는데. 흥미도 있고 주변에서 맛이 괜찮다고 하더라고요."
"사진을 잘 찍는 건 아니지만, 평소 사진 찍으러 다니는 걸 좋아해요. "
라며, 목소리 톤이 한결 밝아진다.

하지만 금세 "이런 소소한 강점이 일과 무슨 연관이 있죠? 특별하지 않잖아요. 너무 흔하고, 이미 남들은 다 할 줄 아는 것일 테고, 왜 이런 걸 알아야 하죠?"라고 묻는다. 이는 일을 특별하고 거창한 것으로 생각하기 때문이다.

하지만 일이란 생각보다 그리 거창하지 않다. **그저 일상에서 반복되는 행위나 좋아하는 감흥이 돈이 되면 그것이 업이 되는 것이다.** 반려견과 함께 보내는 시간을 좋아했던 한 지인은 주변 사람들의 반려견을 한두 번씩 돌봐 주다, 자신의 집에다 하우스펫시터를 차렸다. 인물 사진 찍기를 좋아하던 한 친구는 1년간 매주 길거리에서 인물 촬영을 하면서 SNS에 쌓인 포트폴리오를 기반으로 스튜디오를 오픈했다. 처음에는 무료로 사진을 찍다 횟수가 거듭될수록 작업 의뢰를 받는 건이 늘었고, 현재는 인물 사진 분야에서 손에 꼽힐 정도로 인기가 많은 스튜디오가 되었다.

어쩌면 당신이 그토록 좋아하고 잘할 수 있는 일만 찾아 헤매는 동안, 이들은 **하루하루 반복되는 일상에서 지금 당장 몰입할 수 있는 것들에 집중했기에 자신이 정말 좋아하는 일을 하며 살 수 있었던 것이다.** 지금 이 시대는 좋아하는 일을 찾기 위해 밖을 헤매고 다니기보다, 현재 자신의 환경과 조건에서 자기 취향대로 해석하고 선택할 수 있는 기준을 스스로 정립하는 데 더 몰입해야 한다. **지금 내가 머무는 바로 그 공간에서부터 시작하는 것이다.** 좋아하는 것을 남한테 전하는 것에 만족할 것이 아니라, 좋아하는 감흥을 꾸준히 느끼며 살고 싶은 사람에게는 더욱더 그렇다.

열심히 일만 하다 번아웃되기 전에, 당장 휴식하기

얼마 전 철사 하나로 무한한 작품 세계를 담아 내는 테리보더 사진전을 다녀왔다. 그는 철사를 이용해 음식과 사물에 팔다리를 붙여 인격화된 캐릭터를 창조하는 메이커 아티스트이자 사진작가이다. 그의 작품에는 과자나 과일, 쓰다 만 휴지 조각같이 일상에서 흔히 볼 수 있는 사물이 주인공으로 등장한다. 일상에서 손만 뻗으면 언제든 닿는 물건을 통해 흥미로운 감정이입과 공감대를 끌어내는 작가이기도 하다.

글을 쓰다 문득 하나의 촛불이 위아래로 타들어 가고 있는 모습을 담아 낸 사진 한 장이 머릿속을 스친다. 사진에서는 촛불이 조금씩 타들어 가는 모습을 하고 있기보다 위아래로 불이 타오르고 있어 무언가 다급함이 느껴진다. 심지어 아랫부분의 초심에는 자신이 불을 붙이고 있다. 위에도 열이 올라 있지만 밑에도 바짝 열이 올라 있는 꼴을 보고 있자니 스스로 자기 자신을 바쁜 형국으로 몰고 있다는 생각이 든다.

바쁜 사람은 늘 바쁘다. 이것은 마치 진리나 공식과 같다. 인생에서 큰 변화를 마주하지 않는 한 좀처럼 그간 살아왔던 성향이 바뀌기란 쉽지 않다. 일을 줄이고 여유 시간을 갖고 싶다고 하던 이들도 다시 일상으로 돌아가면 어느덧 자신이 한 회사의 대표인지 직원인지 분간을 하지 못할 정도로 바쁘게 살곤 한다. 그들은 심지어 바쁘다는 말을 늘 달고 산다. 일을 최소화하기 위해 사업을 시작한 이들도 그간 일하던 습관이 배어 나와 손에서 일을 한시도 떼지 않는다. 눈앞에 있는 일을 최대한 빨리 처리하고 다음 단계로 바로 착수한다. 그리고 그 과정을 반복하다 목표 분량을 마무리하면 오늘 할 일을 끝냈다는 만족감에 잠이 든다. 하지만 다음 날도 여지없이 그의 스케줄 표는 해야 할 일로 빼곡히 채워져 있다.

설사 돈만 보고 일하는 사람이라 할지라도 원하는 목표의 돈을 모으면 바로 그다음 목표를 위해 전진한다. 지금 당장 생활비를 걱정했던 사람이 생활비 걱정을 덜어 내면, 내 집 마련 목표로 넘어가고, 내 집이 마련되면 그다음 목표를 위해 달려간다. 노력은 배신하지 않는다며 그런 삶의 패턴에 어느덧 익숙해진다. 충분한 돈을 벌었다 해도 노후를 위해 준비하려면 끝도 없다며 일을 멈추지 않는다. 하지만 이토록 열심히 일해서 번 피 같은 돈을 창업 한 번에 날리기도 한다. 신혼 초기 일만 하느라 돈을 적게 들이고 내 집을 마련할 수 있는 혜택을 놓치기도 하고, 다달이 담보 대출을 갚아 나가는 데만 몰두하다 재테크로 돈 벌 기회를 놓치기도 한다.

나 역시 일을 많이 할수록 돈을 많이 벌 수 있을 거로 생각했다. 하지만 일주일에 하루 몰입해서 일하며 처음으로 직장인 때 받았던 월급을 넘었을 때, 비로소 알게 되었다. **일을 많이 한다고 더 많은 돈을 버는 것이 아니란 사실을.**

당시 특강을 진행하는 날 외엔 가족들과 시간을 보내거나 여행을 많이 다녔다. 여행을 다니던 습관이 있었기에 시간이 날 때면 다른 시공간에서 휴식을 취하며 원격으로 고객과 상담을 했고, 게으름 속에 미루던 일도 하루 만에 몰입해서 성과를 끌어내는 방식으로 일을 처리했다. 평소 여유 시간이 많다 보니 주변에선 상담 일정을 일주일에 2~3회 정도 늘리라는 제안을 해 왔다. 그러면 하루 일할 때보다 매출이 더 많이 오르지 않겠냐는 것이다. 물론 고객을 대면하는 일정을 늘리면 단발적으로 매출이 증가할 수도 있다. 하지만 고객과 마주하며 일하는 시간을 늘리기보다 단 하루라 할지라도 평소 혼자만의 시간을 보내며 보고 듣고 경험한 것들에 대한 영감을 고스란히 대화에 담아 내는 것에 더 집중했다. 그런 시간이 쌓이다 보니 상담을 받으러 오신 분들에게도 본인만의 시간에 집중할 수 있도록 영감을 선사하는 선순환으로 이어져 회사 운영에 더 긍정적인 영향을 미쳤다.

남에게 좋은 영감을 선사하기 위해서는 당신 스스로가 먼저 좋은 영감을 얻을 수 있는 환경에 있어야 하고, 남을 잘 살게 하려면 본인 일상부터 잘 살아야 한다.

그러니 일에 매진하며 자신을 혹사하는 시간보다 자신을 위해 여유 시간을 할애하는 연습을 먼저 해보자. 그러다 보면 일 외적으로도 사업가의 시선으로 바라보는 모든 일상이 회사의 매출에 도움이 된다는 것을 하나씩 직접 경험하게 될 것이다.

평생 성공 근처도 못 가기 전에,
당장 누려 보기

스무 살, 용산에 있는 중식 레스토랑에서 일한 적이 있다. 1년 넘게 아르바이트를 하다 보니 자연스레 일하는 사람들과 친분을 쌓게 되었다. 현재도 10년 넘게 그때 인연이 된 이들과 만나고 있기도 하다. 몇 해 전 그중 친한 주방 오빠가 서울에 작은 이자카야를 오픈했다. 요리했던 사람이었기에 안주가 일품이라 손님도 많았다.

하지만 가게를 오픈한 후, 그는 매일 오픈에서 마감까지 12시간 넘게 일했다. 작은 규모였지만 턱 끝까지 차오르는 인건비와 임대료 부담에 요리부터 서빙까지 혼자 많은 일을 감당했다. 지난 3년간 365일 중 하루도 제대로 쉰 날이 없었다. 그나마 일이 조금 일찍 끝나면 친구들과 술 한잔 하는 것이 그의 유일한 휴식이었다. 그런 그에게 왜 장사를 시작했냐고 물었더니 돈을 많이 벌고 싶다고 했다. 왜 돈을 많이 벌고 싶냐고 물으니, 돈이 있어야 이사도 가고 좋은 차도 끌고 더 행복하게 살 수 있을 것 아니냐고 했다. 그는 열심히 일한 만큼 돈을 많이 벌 수 있다고 믿었다.

하지만 현실은 달랐다. 늘 돈이 부족했고 일은 늘어나기만 했다. 작년엔 이자카야를 정리하고 큰돈을 대출받아 고깃집을 오픈했다. 더는 요리를 직접 하고 싶지 않다며 편하게 장사를 하고 싶어 프랜차이즈를 선택했다고 했다. 권리금을 조금 받고 나왔다고 했지만 다음 가게를 오픈하기 위해 더 큰 돈을 대출받아 빚이 배로 늘었다. 설사 그가 장사를 그만두었다고 해도 그간 돈을 번 건 아니었다. 휴일 없이 12시간 일에 묶여 있던 수년의 결과가 고작 몇천 만 원의 권리금이라면 그건 돈을 벌었다고 할 수 없다. 유지도 아주 가혹한 유지였을 뿐이다. 아마 그가 직장을 다녔다면 더 편안하게 돈을 모을 수 있었을 것이다. 두 번째 가게를 오픈한 후 빚은 더 늘었지만, 그의 일상은 이전과 달라진 게 없었다. 요리를 직접 하지 않았기에 주방 이모들의 인건비가 추가되었고, 역세권에서 좀 더 큰 규모의 장사를 하고 싶다는 욕심은 유지비를 두세 배로 늘렸다. 그는 여전히 만날 때마다 일주일이라도 여행을 다녀오고 싶다는 푸념을 늘어놓는다.

일만 하는 사람은 돈 벌 시간이 없다. 한 회사의 대표가 사무실에 앉아 있거나, 가게에 온종일 진을 치고 있다면 그곳은 장사가 안 되는 곳일 확률이 높다. 아주 현저히 높다. 일하는 데 얽매이는 시간이 길수록 돈 벌 궁리를 할 시간은 자연스레 줄어들기 때문이다. 대표는 일을 열심히 하기 위해 창업한 사람이 아니다. 노동자가 되기 위해 회사를 설립한 사람이 아니라는 것이다. 그렇기 때문에 왜 일을 하는지 스스로 망각하면 안 된다.

돈을 많이 벌기 위해 시작했다면 일과 돈의 상관관계에 대해 먼저 고민해 봐야 한다. 일을 많이 할수록 돈을 많이 버는 구조는 결국 얼마 벌지 못한 돈조차 제대로 활용할 수 없게 만들기 때문이다. 자신만의 남다른 신념을 펼치기 위해 시작했다면, 그 역량을 가다듬는 것에만 집중해도 모자랄 판이다. 그 외에 부수적인 것들은 어떻게 하면 최소화할지 그 궁리만 하는 것이 오히려 대표로서의 신념을 지키고 창업의 목적을 이룰 수 있는 가장 빠른 길이다.

그도 처음부터 일만 하기 위해 창업을 한 건 아니었다. 초기에 열심히 하다 보면 언젠가 자신이 없어도 가게가 운영될 수 있는 기반이 마련될 테고, 그러면 여유 있는 삶을 살 수 있을 거란 생각에 시작한 것이었다. 하지만 지금처럼 눈앞에 닥친 일을 처리하는 것에만 급급한 상태로는 그 언젠가는 계속 언젠가로 남아 있을 수밖에 없다.

시작부터 누리지 못하면
평생 누리지 못한다

물론 그 언젠가를 지금 당장으로 바꾸기 위해 시도해 볼 수 있는 것들이 있다. 당신이 앞의 사례처럼 부와 여유를 누리고 싶어 사업을 시작했다면 언젠가 누릴 여유를 지금, 당장으로 끌어올 방법을 강구하면 된다. 그러기 위해서는 여유라는 것이 돈이 많아야만 누릴 수 있다는 착각에서 벗어나야 한다.

우리는 너무도 쉽게 돈이 있으면 여유를 누릴 수 있다는 착각을 한다. 반대로 말하면 돈이 없으면 여유를 느낄 수 없다고 생각한다는 것이다. 물론, 돈이 많으면 불필요하게 에너지를 소비해야 하는 것에서 벗어날 수 있기 때문에 자연스레 여유가 생긴다. 하지만 소유를 여유라 착각하는 이에게는 상황이 변한다 해도 그 여유를 충만히 느낄 겨를이 없다.

주변에 퇴사하고 커피숍이나 가게를 오픈한 친구들을 보면, 3년도 채 못 가서 문을 닫는 경우가 많다. 힘든 고비를 턱 끝까지 견디다 이제 좀 휴식이 필요하다며 여행을 떠나기도 한다. 하지만 이렇게 어쩔 수 없이 갖는 휴식의 시간은 의미가 없다. 다시 돌아가도 되돌릴 수 있는 건 아무것도 없기 때문이다. 일 하면서 휴식이 필요하다고 느낄 때는 대부분 신체적, 정신적 고충을 겪고 있는 순간이다. 그 순간을 그냥 버티며 견디다 보면 여유는 평생 당신과 멀어진다.

지금 휴식이 필요한 순간이라면, 주말이나 연휴가 아닌 평일에 3일간 가게 문을 닫고 온전히 자신만의 시간을 한번 가져 보라. 단 하루만 쉬어도 휴식이라 생각할 수 있지만 이건 제대로 된 휴식이 아니다. 내일 쉴 수 있을 거란 생각에 늦잠만 자다 하루가 다 갈 뿐이다. 그러니 최소 3일은 쉬어 봐야 한다. 여행을 떠나도 되고, 집에서 혼자 휴식을 취해도 된다. 혹은 이전에 시간이 없어서 못 해 본 것들을 마음껏 해 봐도 괜찮다. 처음에는 하루라도 가게를 쉬면 매출에 타격이 있을 거란 두려움에 망설여질 것이다. 하지만 아예 폐업하고 휴식을 취하면 그건 하루 이틀 매출이 아니라 전 재산이 날아갈 정도의 위험 부담을 감당해야 한다.

당신이 열심히 일하는 것은 다 이유가 있을 것이다. 좋은 집이나 좋은 차를 갖기 위해 일을 할 수도 있다. 하지만 소유를 꿈꾸며 일을 하게 되면 충분히 그것을 소유한 상황에서조차 여유를 느끼기 힘들다. 한번 소유에 맛을 들이면 더 많이 소유하고 싶은 욕심이 생기기 때문이다. 게다가 열심히 노력해서 자신이 원하는 상황을 마주하는 이들은 1% 정도의 비율일 뿐, 99%는 계속 앞으로 나아가기 위해 일만 하다 생을 마감하기도 한다.

일례로 대학 동기 중에 슈퍼카를 갖는 것이 꿈인 친구가 있었다. 그는 멋진 차를 모는 자신의 모습을 상상하며 그 누구보다 열심히 돈을 벌기 위한 일에만 집중했다. 하지만 10여 년이 지난 지금도 여전히 그는 슈퍼카를 한 번도 타 본 적이 없다. 설사 그가 슈퍼카를 샀다 하더라도 소유를 삶의 기준으로 둔 이상 더 좋은 것들을 계속 갈망하며 현재에 만족하지 못하고 살았을 것이다. 계속 그런 쳇바퀴의 연속에 있어야 한다면, 차라리 지금 당장에 슈퍼카를 렌트해서 타 보는 건 어떨까. 렌트를 하는 데 그리 비용이 많이 들지도 않는다. 그러면 평생 한 번도 못 탈 걸, 일단 타 보기라도 할 수 있다.

나는 여행을 다닐 때마다 가장 좋은 호텔과 최고의 서비스를 선택하는 편이다. 수십 년 일에 매진한 후에 누릴 수 있다고 생각하는 것들을 지금 당장에 누리면서 그 감흥을 느끼기 위함이다. 그렇게 갖고 싶고, 누리고 싶은 것들을 직접 경험하다 보면 성장을 위한 더 좋은 자극제가 되기도 하고, 반대로 소유에 그리 집착하지 않고 지금부터 이런 감흥을 느끼는 것에 더 집중해 봐야겠다는 생각이 들기도 한다.

이때부터 여유라는 것을 인지하게 된다. 단 한 번의 경험이라 할지라도 당신은 여유라는 감흥을 작게나마 맛본 것이다.

명절이나 연휴 외에 평일에 가게 문을 닫고 가족들과 식사를 하는 것도 좋은 방법이다. 일 년에 두 번 혹은 분기별로 사랑하는 가족들과 식사를 하다 보면 그리 어려운 일도 아니었는데 지난 수년간 왜 밥 한끼 제대로 못 했나 하는 생각에 자신을 돌아보게 된다. 그러다 보면 일주일 내내 열었던 가게를 주말에는 쉬거나, 더 발전되면 4일을 일하고도 매출에 그리 차이가 없다는 것을 경험하게 되기도 한다. 혹은 조금 덜 벌더라도 지금부터 여유로운 삶을 사는 데 집중하기도 한다. 그렇게 마음이 편해지다 보면 오히려 오만상을 쓰고 가게를 지키고 있던 때보다 더 돈이 많이 벌리기도 한다.

일하면서 여유를 느껴 보는 것이 중요한 이유는, 돈을 많이 벌고 성공한 이후에 당신이 누리고자 하는 것들이 이런 소소한 일상에서 크게 벗어나지 않기 때문이다. **어느 정도 자리만 잡으면 원하는 것들을 할 수 있다는 막연한 생각은 평생 그 무엇도 누리지 못하게 하는 굉장히 위험한 발상이다. 그러니 지금부터라도 여유를 누리는 연습을 해 보자. 연습의 빈도는 다양하고 많을수록 좋다.**

이상과 현실, 두 갈래를 나누기보다
이상을 현실로 끌어올 수 있는 용기가 필요한 시점

프리랜서 디자이너 김송이

나의 이상은 이러했다. 시간에 구애받지 않는 것. 즉, 평일 오후에도 원한다면 영화를 보러 영화관에 갈 수 있는 삶. 여행을 떠나고 싶다면 어느 화요일에 훌쩍 비행기를 타고 떠나도 괜찮은 삶. 그러나 이것은 말 그대로 '이상'이었고, 현실에서는 절대 불가능하다고 생각했다. 현실은 온통 "열심히 일한 만큼 돈을 많이 번다", "쥐꼬리만 한 월급이라 해도 모두 열심히 잘만 한다"라는 말을 하는 사람들뿐이었고, 그들은 그것을 현실이라 불렀다. 내 삶도 그들과 별반 다르지 않았다.

하지만 작가님을 만나고 현실과 이상을 굳이 두 갈래의 길로 나누지 않아도 된다는 것을 알았다. 한 갈래의 길을 정하고 이상을 현실로 끌어오면 그만이었다. 이상을 바라고 갈망하고 있을 시간에 어떻게 하면 현실로 끌어와 빨리 누리며 살 수 있는가를 고민하는 편이 낫다는 것이다. 그저 막연하고 어렵다고 생각했던 것들을 단순하게 들여다보니 해야 할 것들이 선명하게 보였다. 그건 바로, 지금 쥐고 있는 것을 하나씩 버리고 내려놓는 것이었다.

퇴사하고 프리랜서로 전향할 때, 주변에서는 우려의 목소리가 컸다. 어린 나이에 혼자 나와 어떻게 일을 할 수 있겠냐는 우려도 있었고, 가족들과 함께 하는 시간 속에 심적 부담을 느껴야만 했다.

하지만 이런 불편한 감정을 내려놓는 연습부터 시작했다. 사회의 시선에 발맞추어 가기 위해 급급해하던 마음도 내려놓았고, 꼬박꼬박 나오는 안정적인 월급에 집착하지 않기로 했다. 그렇게 비우고 내려놓다 보니 하나둘씩 보이지 않던 것들이 눈에 들어오기 시작했다.

월급은 사라졌지만 나를 위해 돈과 시간을 투자할 수 있게 되었고, 시행착오를 겪어가며 나만의 스타일이 묻어나는 디자인 작업을 하며 프리랜서로 독립할 수 있는 발판을 마련했다. 퇴사 직후에는 경제적으로 어려움에 처할 때도 있었지만, 여유로운 일상을 살면서 감각적인 디자인 작업을 마음껏 할 수 있게 된 현재의 삶에 대한 만족도는 매우 높다. 퇴사후 프리랜서로 전향을 고심하고 있다면, 사회적 관념에서 벗어나는 것을 두려워하지 말고 하나씩 비우고 내려놓아 보자. 그러면 이상과 현실을 구분하지 않고도, 어느새 이상이 현실이 되어 있을 것이다.

- 프리랜서 디자이너 김송이

4장. 창업, 시작부터 자유롭게

: 창업을 준비하면서 버린 것들

창업을 고심하고 있는 당신에게

회사를 그만두고 창업한 이유는 정해진 시공간에서 벗어나 자유롭게 살고자 하는 욕구를 해소하기 위함이었다. 아마 나뿐만 아니라 상당수의 사람이 인간 본연의 욕구인 "시간적 여유"를 구체화하기 위해, 혹은 "경제적 자유"를 위해 창업을 고심하곤 한다. 하지만, 창업 이후 시간과 경제적 자유를 온전히 누리며 회사를 운영하는 사업가는 좀처럼 찾아보기 힘들다.

투자를 받거나, 대출을 받아 시작한 사람일수록 돈에 얽힌 문제를 해결하느라 골머리를 앓게 되고, 과도한 업무에서 벗어나고자 했던 사람일수록 스스로 일을 더 만들어 내며 혹한의 워커홀릭 상태로 자신을 몰아치기도 한다. 물론 고객의 니즈와 트렌드에 발맞춰 따라가다 매출은커녕, 마이너스에 허덕이는 사업가들도 적지 않다. 1인 기업가 역시 자유롭게 디지털 노마드 라이프를 사는 것처럼 보이지만, 오히려 일과 일상이 구분되지 않기 때문에 일에서 한시도 시선을 떼어 놓지 못해 정신적으로 피폐한 삶을 사는 이들도 적지 않다.

그럼에도 불구하고 시공간의 제약에서 벗어나 자유롭게 일을 하기 위해 창업을 고심하는 당신이라면, 이번 장에서 다룰 이야기를 꼼꼼히 읽어 보길 바란다. 창업 관련 서적이 아니기 때문에 성공 창업 노하우가 담겨 있진 않다. 하지만, 시작부터 위험 요소를 최소화하며 회사를 안정적으로 운영해 온 이야기가 담겨 있으니, 그 속에서 불필요한 시행착오를 줄일 수 있는 영감을 단 하나라도 얻을 수 있을 것이다.

돈 한 푼 안 들이고
0원으로 창업한 이유

직장 생활을 하기도 전에 서른이 되면 사업가의 길을 가겠다고 다짐했다. 어떤 분야의 전문가가 되어 사업을 시작할지에 대한 구체적인 그림을 그리진 않았지만, 20대는 직장에서 돈을 받으며 역량을 쌓고, 30대부터 독립을 하겠다는 의지는 시간이 지나도 변하지 않았다. 그 막연한 바람이 현실이 되려고 했는지, 스물여덟의 끝자락, 직장인의 삶과 점점 멀어지기 시작했다. 좋은 조건으로 이직하기로 한 회사의 러브콜도 마다하고 혼자 독립된 상태로 경제적 자립을 할 수 있는지 실험해 보고 싶었다.

첫해는 그간 열심히 직장 생활을 한 나에게 안식년을 선물했다. 그 후 경제적 압박이 느껴질 때마다 간간이 그간의 업무 경험을 기반으로 중소 규모의 법인과 스타트업을 대상으로 제안서 작성이나 기획 업무를 수주 받아 프리랜서로 일을 했다. 관련 업무를 하다 보니 자연스레 기창업자 혹은 예비 창업자의 모습을 자주 접하게 되었다. 콘텐츠 작업이 없는 날에는 창업과 관련된 벤처 경연 대회를 참관하거나 스타트업 네트워크 모임에 참석했다. 창업에 관심 있던 시기였기에 새로 마주하는 환경과 미처 몰랐던 분야의 각기 다른 모습을 보고 있자니 신선하고 새로웠다.

우수한 기술력을 뽐내며 창업을 준비하는 이들도 있었고, 사회 환원적 가치를 기반으로 창업을 준비하는 이들도 있었다. 그들은 밤잠 설치며 자신이 준비한 아이템이 고객과 사회에 득이 될 수 있다는 것을 피력하는 데 주력했다. 투자자들은 우수한 기술력과 인재를 발굴하기 위해 세심한 것 하나까지 분석하며 집중했다. 이미 회사를 운영하는 대표들은 창업할 때 반드시 갖춰야 할 것들을 세심하게 일러 주며 그간의 힘들었던 시간에 대한 이야기를 들려주었다.

그들은 각기 다른 위치에서 창업에 대한 이야기를 나눴지만 **공통분모는 돈이었다.** 예비 창업자가 수많은 시간을 할애해 준비한 제안서는 투자

유치를 위함이었다. 투자자는 자신의 돈을 이왕이면 더 발전 가능성 있는 곳에 투자하기 위해 분석했다. 기창업자는 회사를 운영하면서 자금을 더 끌어 올 방안에 대한 노하우를 전수하며 투자 유치의 중요성을 거듭 강조했다. 그곳에 참관한 이들 역시 창업을 하기 위해서는 초기 자본이 반드시 필요하다고 인식하고 있었다.

창업할 때 제일 먼저 고심하게 되는 것이 "돈"이다. 정부 지원금이나 투자를 받지 않더라도 어느 정도 목돈이 있어야지만 시작할 수 있다는 인식이 만연하다. 나 역시 창업을 준비할 때 개인사업자로 시작한다 해도 초기 자본금이 어느 정도는 필요하다고 생각했다. 하지만 기창업자 분들과 일을 하는 시간이 많아질수록 돈에 대한 인식이 점차 바뀌기 시작했다. 첫 회사부터 투자를 받아 사업을 한 사람치고 돈 문제의 고리를 끊어낸 사람이 없었다. 초기 자금은 시작일 뿐이었다. 그들은 회사를 운영하면서도 계속 돈을 구하러 다녔다. **돈이 있으면 순조롭게 진행될 수 있을 거로 생각했던 일들은 매 순간 다시 돈을 필요로 했다.**

소호 사무실을 임대해 프로젝트를 함께 할 직원을 모으고 수개월간 열정을 쏟아내던 예비 창업자들 역시 몇 시간씩 열띤 토론을 하다가도 결국 마무리는 돈의 문제로 귀결되며 한숨을 내쉬었다. 투자처를 찾는 시간이 지체될수록 사업의 궁극적인 목적보다 돈만 있으면 지금의 문제를 해결할 수 있다는 생각을 더 강하게 품었다. **돈만 있으면 이 현실을 벗어날 수 있다는 착각은 돈만 있으면 무엇이든 할 수 있다는 위험한 착각으로 이어졌다.** 이는 사업 자체를 포기하게 하는 원인이 되기도 했다. 주변에서 성공적으로 투자를 받았다는 소식이 들리기도 했다. 하지만 1년을 채 버티지 못하고 나가떨어지는 이들이 많았다. 원인은 돈 때문이었다. 한정된 돈의 범주에서 사업을 운영하다 보면 예산에 맞춰야 한다는 강박 관념에 오히려 돈을 들이지 않고 할 수 있는 것들마저 돈을 들이는 방법으로 고심하게 했다.

투자를 받고도 이토록 불안정하게 사업이 시작되는데, 아예 돈을 들이지 않고 시작하면 어떻게 될까? 아예 시작조차 못 하게 될까? 그렇지 않다. 오히려 돈이란 결핍을 끌어안으며 더 견고하게 시작할 수 있는 밑바탕을 다질 수 있게 된다. 이제부터는 돈을 머릿속에서 한번 지워 보자. 돈을 들여야지만 성과를 낼 수 있다는 생각에서 벗어나 돈 없이 창업을 하려면 어떻게 해야 할지에 대해 고민해 보는 것이다. **투자를 받기 위해 고심할 시간에 돈의 굴레에서 벗어나 시작할 방법을 찾는 데 집중하다 보면 돈이 필요하다고 생각했던 것들이 조금 다르게 보일 수도 있지 않겠는가.**

창업을 하기 위해서 돈이 드는 항목이 무엇일까. 프로그램이나 제품을 론칭하고 싶어 하는 이라면 개발비를 가장 먼저 고심할 수 있다. 도구나 자재를 동반하는 사업을 고심하고 있다면 설비나 유통에 드는 비용을 따져 볼 것이다. 그 외에 사무실 임대나 인건비, 마케팅에 드는 비용과 같이 통상적으로 회사 운영에 필요하다고 생각하는 항목이 떠오를 것이다. 개발이라는 것은 범주에 따라 일정 비용이 필요한 부분도 있다. 하지만 기관이나 자본금 규모가 있는 회사를 설립할 때나 해당하는 것이지, 한 개인이 독립해서 창업을 시작하는 단계에서는 개발비를 최소화할 방법이 다양하다. 스스로 제품을 개발하는 사람이거나 샘플로 된 제품을 가지고 있는 이들이 투자를 받기 전에 많이 활용하는 것 중 하나는 크라우드 펀딩을 통해 선 매출을 내는 전략이다. 이는 판매자와 고객을 연결해 주는 플랫폼 중 하나로 상품이 제작되기 전에 콘텐츠나 샘플을 선보이고 미리 잠재 고객에게 펀딩을 받을 수 있는 형태로 운영된다. 자신이 준비하고 있는 제품에 대한 확신이 있다면 "선주문 후제작" 방식으로 시도해 볼 만하다. 다만 펀딩 이후에 투자로 이끄는 면이 많기 때문에, 크라우드 펀딩으로 매출을 낸 자금으로 회사를 설립하더라도 지속해서 돈에 대한 경계를 늦춰서는 안 된다.

프로그래밍 관련 분야도 이전에는 인력에 대한 비용이 많이 들었지만,

현재는 IT 분야에서도 1인 개발자 체제로 회사를 설립해서 운영하는 이들이 적지 않다. 설비나 유통 분야에서도 위험부담을 최소화하는 1인 창업이 점차 강화되고 있다. 그간에 쌓아온 기술력이 있다 하더라도 현장에서 근무하며 노동에 얽매이는 방식에서 벗어나 기존의 유통 라인을 활용하여 사다리 역할을 하면서 사업을 시작하는 이들도 많다.

물론 고정 비용이라 생각하는 임대료와 인건비도 초반에는 비용을 최소화할 수 있다. 창업을 시작하는 초기에는 굳이 사무실을 둘 이유가 없다. 일하거나 미팅을 하기 위한 공간이 필요해서 소호 사무실을 이용하는 이들이 적지 않은데, 이 역시 매출이 없는 상태라면 마이너스 지출 요인이 될 뿐이다. 전문 인력도 초기 단계에는 그리 필요하지 않다. 전문가의 도움이 필요한 부분이라면 재능 마켓을 통해 단발적으로 소정의 금액을 지급하고 일정 업무를 의뢰할 수 있다. 하지만 그보단 **매출이 나기 이전에는 되도록 부족한 면이 있더라도 스스로 할 수 있는 범주 내에서 일을 처리하는 습관을 먼저 들여야 한다.** 시작부터 외부 인력에 의존하다 보면 계속 타인에게 의지하게 되는 안 좋은 습관이 자리 잡을 수도 있기 때문이다.

가장 비용이 많이 든다고 생각하는 마케팅 역시 이미 잠재 고객을 마주할 수 있는 무료 플랫폼이 많기 때문에 필요 이상의 광고비를 들일 필요는 없다. 시작부터 마케팅에 과한 돈을 들인 회사치고 제대로 순익을 내며 운영하는 회사를 찾아보기 쉽지 않다. **사업가는 외부 요인이 아닌 자신의 역량으로 돈을 벌어야 하는 사람이다.** 돈이 있어야 창업할 수 있다고 생각하면 자신의 역량보다 돈의 힘에 의지하게 된다. 반대로 돈이 전혀 없다는 가정을 하고 창업을 시도하다 보면 결핍의 상태에서 최대한 자신의 역량을 끌어낼 수 있는 다양한 방법을 찾기 마련이다.

창업을 하는 이유는 각기 다르겠지만, 시작부터 위험 부담을 최소화하면서 장기적으로 회사를 운영하고 싶다면, 적어도 돈 없이 사업을 시작해 봐야 한다. 돈으로 시작하면 돈에 의해 사업의 성패가 좌우될 수밖에 없다. 하지만 돈의 굴레를 벗어나면 처음부터 끝까지 "선역량 후자본"의 형태로 자본을 끌어올 힘이 생긴다.

나를 위한 아이템은
결코 잃을 것이 없다

어느 회사든 홈페이지를 둘러보면 고객의 문제를 해결해 주기 위해, 혹은 사회적 문제를 해결하기 위해 그 회사가 존재함을 명시한다. 그런 사이트는 쉽게 찾아볼 수 있다. 직장인의 삶도 별반 다를 바 없다. 아침에 출근해서 이메일을 확인하고, 미팅하는 모든 순간엔 고객이 빠지지 않는다. 점심시간에 잠깐 휴식하는 것 외엔 출근해서 퇴근할 때까지 늘 고객을 위해 일하고 있음을 발견할 수 있다.

우리의 시선은 왜 그토록 고객을 향해 있을까? 답은 간단하다. 고객이 돈을 내야 회사가 운영될 수 있다고 생각하기 때문이다. 그런데 잘 생각을 해 보면, 최신을 다해 서비스를 제공하기 때문에 고객이 돈을 내기도 하지만 제품이나 서비스보다 회사의 존재 가치만으로도 돈을 내는 고객이 있다. 고객에게 친절하기 때문에 장사가 잘되는 곳도 있지만 투박하고 불친절한 매력에 끌려 장사가 잘되는 곳도 있다. 그 외에도 우리의 생각과 달리 고객은 각기 다른 명분으로 돈을 지불하기도 한다.

고객마다 돈을 내는 명분이 각기 다르다면 우리는 무엇에 집중해야 할까. 고객의 니즈에 맞춰 다각화된 전략을 세워야 할까? 아니면, 고객을 향해 있던 시선을 거두고 회사의 가치를 실현하기 위한 역량을 쌓는 것에 집중해야 할까? 어떤 전략을 세우든 월 매출이 같다면 당신은 어떤 선택을 하고 싶은가? 아마 후자를 선택할 것이다.

아래 두 필라테스 센터의 설립 과정을 한번 비교해 보자. A는 피로 사회 현대인에게 스트레칭과 근력을 기르는 운동이 필요할 거란 생각에 강사 과정을 거쳐 운동을 가르칠 공간과 기구를 구비했다. 그리고 고객들이 편리하게 운동할 수 있는 시간표를 구성한 뒤 센터를 오픈했다. 그는 자격증을 따는 과정부터 센터를 오픈하는 순간까지 적지 않은 돈과 시간을 투자했다. 하지만 이 과정은 기본적인 세팅일 뿐, 오픈 후에도 고객을 유치하기 위해 온라인 마케팅에 열을 가하며, 고객의 니즈에 맞게 프로그램을 재구성하는 과정을 반복했다. 사업 초기 인건비를 감당하기 부담스러운 마음에 오픈부터 마감까지 혼자 일을 감당하다 보니 스스로 운동할 여유조차 없이 일에만 매진하는 자신을 발견하곤 했다.

시작부터 시선이 고객을 향해 있는 한 이 과정을 끊임없이 반복해야 한다. 그렇지 않으면 센터가 운영될 수 없다고 생각하기 때문이다. 물론 이 과정을 꾸준히 반복하다 보면 어느새 손익 분기점을 넘을 수 있다. 하지만 이는 단지 초기 자본금의 회수일 뿐, 꾸준한 순익을 위해 계속 일에 매진하지 않으면 안 된다는 강박 관념에 사로잡혀 고객에게서 시선을 한시도 뗄 수 없게 된다. 이게 우리가 생각하는 일반적인 회사 운영 방식이기도 하다.

그렇다면 이제 B 센터의 설립 과정을 한번 둘러보자. B는 직장을 다니면서 누적된 피로를 풀기 위해 필라테스를 배우기 시작했다. 몸이 한결 가벼워짐을 느낀 그는 건강 상태를 유지하기 위해 스트레칭과 근력을 다지는 운동을 반복했다. 운동하다 보니 자신의 신체 중 어느 부위가 교정이 필요한지 점차 알게 되었고, 수많은 자세를 다룰 정도의 전문가는 아니지만 스스로 뭉쳐 있던 근육을 풀 수 있는 스트레칭을 몸에 익히게 되었다. 그 후 그는 꾸준히 근육을 풀면서 체형을 교정하는 영상을 찍으며 자신의 인스타그램에 운동 일지를 기록했다.

스트레칭과 근육의 변화에 대해 꾸준히 기록하다 보니 그와 비슷한 통증을 느끼는 사람들이 도움을 요청해 왔고, 강사 과정을 진행하는 기관이나 학원에서 수업을 담당해 줄 수 있냐는 연락이 왔다. 강사가 되고 싶어 운동을 시작한 건 아니었기에, 다소 부족한 부분이 있을 수 있다는 그의 말에 오히려 여느 강사보다 꼼꼼하게 신체 근육에 대해 잘 알고 있다며 호의적인 반응을 보이기도 했다. 감사하게도 인연이 닿은 곳과 주말에 수업하며 더 열정적으로 해부학을 공부하기도 했다.

그렇게 한두 차례 변화를 경험한 후, 일과 병행하며 운동을 하기보다 온전히 내 몸을 건강하게 만드는 데 더 많은 시간을 보내기 위해 그는 퇴사했다. 그 후 꾸준히 자신의 몸을 분석하며 운동 영상을 기록하는 것에만 몰입했다. 시간이 흐를수록 콘텐츠가 쌓이면서 자신만의 스트레칭 매뉴얼을 기반으로 온라인 클래스를 진행할 수 있게 되었고, 현재도 자신의 체형과 비슷한 고객들을 대상으로 꾸준히 체형 교정 프로그램을 운영하고 있다.

A와 B의 초기 순익이 비슷하다고 할 때 어떤 사업가가 더 위험 부담이 적어 보이는가? 물론 B라고 생각할 것이다. 거기에 자신의 건강을 위해 운동하는 것만으로도 돈이 벌린다면 누가 이렇게 사업을 하지 않겠냐며

볼멘소리를 해 댈 수도 있다. 하지만 이는 결코 불가능한 일이 아니다. 이 둘의 차이는 단 하나였다. **사업을 준비할 때 A는 시선이 고객을 향해 있었고, B는 자신에게 향해 있었다.** 그것이 이 두 사람의 시작에 큰 차이를 만든 것이다. 그러니 당신도 선택하면 된다. 아이템을 선정할 때 시선을 고객에게 둘지 자신에게 둘지. 하지만 시선을 자신에게 두는 것이 더 좋다는 것을 머리로 이해해도 막상 현실에서 실천하는 과정은 만만치 않다. 세상에 널린 정보는 다양하고, 마케팅 관련 정보도 많다 보니 자연스레 시선이 계속 밖을 향할 수밖에 없다. 설사 이렇게 시작한다 해도 고객을 더 유치하고 싶은 욕심이 스멀스멀 기어 올라오기 때문에 다시 시선이 고객을 향하는 과정을 반복하며 헤매기도 한다. 하지만 그럴수록 당신 스스로 **일상에서 반복적으로 하는 행위가 돈이 될 수 있다는 확신을 가지고 그 환경을 구축하는 데 몰입한다면, 그 과정이 고스란히 당신만의 노하우가 되어 이전보다 안정적으로 일을 할 수 있게 될 것이다.**

이미 오랜 시간 자신보다 고객을 먼저 배려하며 회사를 운영해 온 사람일수록, 그간의 관습과 고정관념에서 벗어나 사고를 전환하기 쉽지 않을 것이다. 하지만 더 오랜 시간 사업을 안정적으로 운영하고 싶다면 점차 "고객"에게 향해 있는 시선을 내 안으로 돌리기 위한 노력이 필요하다.

특히나 자아실현 과정이 경제적 만족을 가져다주는 선순환을 위해 사업가의 길을 가겠다고 결심한 사람이라면, 고객이 아닌 자신의 문제를 해결하기 위해 혹은 자아실현에 기여할 수 있는 장치로서 일을 한번 바라보자. 그러다 보면 일단 나부터 안정적이고 즐겁게 일할 수 있어야 그것을 마주하는 고객과 사회에 더 긍정적인 영향력을 발휘할 수 있다는 것을 직접 경험하게 될 것이다.

마케팅하지 않는 것이
최고의 마케팅이다

스타트업과 마케팅 관련 프로그램 역시 항상 고객에게 초점이 맞춰져 있다. 스타트업 생존과 직결되는 것은 온라인 마케팅이며, 온라인에서 회사의 가치를 얼마나 잘 드러내는지에 따라 성패가 갈린다고 한다. 기업의 생존을 위해 트렌디한 마케팅 전략에 민감하게 반응할 수밖에 없다는 것은 잘 안다. 하지만 **자신의 역량을 끌어내고 다지는 과정 자체만으로도 마케팅 효과가 있다면, 어느 곳에 더 집중할지 한 번 더 고려해 볼 필요가 있다.**

손안에 또 다른 세상을 쥐고 살아가는 이 시대에 나는 여전히 아날로그적인 타입이다. 지난 수십 년간 미디어와 담쌓고 살아왔기에 세상 이슈에 대해서도 잘 모르는 편이다. SNS를 다루는 데 서툴고 온라인에서 얻을 수 있는 수많은 무료 혜택을 제대로 활용하지 못한다. 상품이나 프로그램이 아닌 개인 브랜드 역량으로 회사를 운영하면서 그 흔한 블로그도 없다. 주변에 온라인 마케팅을 잘 활용하는 분들을 보면 '특별한 기술이나 능력이 필요한 것도 아닌데 왜 나만 활용하지 못하고 있는가?'라는 생각이 들 때도 있다. 그보다 왠지 하지 않으면 안 될 것 같다는 심리적 압박이 엄습해 온다는 게 더 솔직한 표현이다.

하지만 불안하다고 해서 고객의 눈을 사로잡을 만한 마케팅 전략을 배우는 데 열을 올릴 만큼 부지런한 타입도 아니다. 향후 일을 하지 않기 위한 최소한의 작업에는 집중할 수 있지만, 불특정 다수의 수많은 잠재 고객의 마음을 사로잡기 위해 혈안이 되는 일만큼 나를 힘들게 하는 일도 없을 것이다. 하지만 회사를 운영하는 사람이니 마케팅의 궁극적인 목적인 브랜드 가치 향상과 매출을 포기할 수는 없지 않겠는가. 우리 회사는 특강을 기반으로 설립된 회사이기 때문에 다른 분야보다 온라인 마케팅이 중요한 비즈니스 모델이기도 하다. 초반부터 소액으로 광고를 집행하면서 불특정 다수에게 노출하는 것만으로도 사업을 쉽게 시작할 수 있다. 하지만 처음부터 온라인 마케팅에 열을 올리지 않았던 이유는 스스로 내 역량이 많이 부족하다고 생각했기 때문이었다.

이제 막 특강을 시작한 사람이었기에 강사로서 능력을 다듬기 위한 시간이 필요했다. 경험이나 이력이 전무한 콘텐츠를 감당해야 했기에 하나씩 알아가면서 시행착오를 겪는 시간도 필요했다. 특강을 홍보하는 것보다 소수의 수강생을 마주하더라도 그간 경험한 것들을 차분하고 진솔하게 표현하는 역량을 쌓아가는 것이 내겐 더 중요한 사안이었다. 강사처럼 보이기 위해 구색을 갖추려 하지도 않았고, 콘텐츠에 갖은 지식과 정보를 담아내며 전문가처럼 보이기 위해 노력하지도 않았다. 어쭙잖게 아는 척하지 않고, 부족하면 부족한 대로 지극히 일상에서 경험한 것을 기반으로 일을 대하는 시선에 대한 이야기를 풀어내며 고객과 마주했다. 그런 시간 속 그간의 삶의 방식에 공감하는 분들이 하나둘씩 고객이 되어 주셨고, 협력사와 특강에 참여하신 분들의 입소문 덕분에 점차 브랜드 인지도를 탄탄하게 쌓아 갈 수 있었다.

창업 초기에는 제품이든 서비스든 일단 고객에게 알려야 한다는 조급한 마음이 가득한 시기다 보니 쉽게 접근할 수 있는 온라인 마케팅에 눈이 가기 마련이다. 하지만 서비스가 제대로 갖춰지지 않은 상태에서 고객을 불러들이는 일에 돈과 시간을 과하게 투자하는 것은 다소 위험할 수 있다. 정작 고객과 대면했을 때 발휘해야 할 내공을 쌓는 데 집중하는 시간이 부족해지기 때문이다. 그렇게 되면 다양한 마케팅 전략으로 **잠재 고**

객의 관심을 끌 수 있을지는 몰라도 고객으로 전환되는 비율은 그리 높지 않을 수밖에 없다. 주변에 창업하신 분들을 보면 모든 준비는 마쳤는데 수년이 지나도록 매출이 없어 고민하는 분들이 적지 않다. 책을 출간하고 외부 강연을 자주 다니는 강사도 활동량에 비해 적자를 유지하고 있다며 상담을 받으러 온다. 온라인에서 이슈가 될 만큼의 구독자와 플랫폼을 구축하고 있는 채널을 봐도 콘텐츠는 올라오는 것 같은데 노동시간 대비 매출이 일어나고 있는지는 미지수다.

온라인 마케팅에 능하다면, 처음부터 모든 채널을 이용해서 원하는 성과를 극대화해도 된다. 나 또한 온라인 채널을 활용하여 마케팅 효과를 점차 극대화할 것이나. **다만, 처음부터 온라인 마케팅을 해야 한다는 압박감에 시작부터 지치는 것을 경계해야 한다.** 사업 초기 당신 눈앞에 나타나는 고객은 너무도 다양하다. 상품이나 프로그램에 만족하는 이도 있지만, 부족하다고 평가하는 이도 있다. 나보다 한 보 앞선 사람도 있고, 이미 이 분야의 내로라하는 전문가도 있다. 다양한 사람이 올수록 제품이나 프로그램을 평가하는 빈도수는 높아지기 마련이다. 하지만 아직 회사의 존재 이유나 가치에 대해 대표 스스로 제대로 정립되어 있지 않은 상태에서는 갈팡질팡하며 나자빠질 위험도 커진다. **시작부터 불특정 다수에게 회사를 노출하고 싶어 안달할수록, 감당해야 할 무게감도 더 늘어난다는 뜻이다.**

하지만 아무리 다양한 분야의 사람이 당신을 찾아올지라도 소신껏 자신의 분수에 맞게 진솔한 경험을 담아 내는 것에만 집중하며 내공을 쌓는다면, 그 누구도 당신 이야기에 반기를 들거나 이의를 제기할 수 없을 것이다. 그러니 시작부터 온라인에서 떠들썩하게 분수에 넘치는 것들을 드러내고자 안간힘을 쓰기보다, 본인 역량을 다듬어 가는 과정만으로도 마케팅 효과를 낼 방법에 집중해 보는 게 어떨까.

나 역시 홈페이지는 물론, SNS 채널을 만들기 시작한 것도 얼마 되지 않았다. 유튜브 채널은 책이나 특강 관련 콘텐츠를 저장해 두는 클라우드로 사용하고 있고, 그나마 가지고 있는 커뮤니티 채널이라고 할 수 있는 카페는 작가 회원들의 원고 검수와 출판 관련 사항을 공유하는 회원 전용 비공개 채널로 운영하고 있다. 페북이나 블로그는 여전히 할 줄 모른다.

온라인 채널을 다소 보수적으로 운영하는 이유는 콘텐츠라는 것은 그간의 경험과 사례가 꾸준히 쌓이다 보면 자연스레 생기기 마련이기에 그 과정만 하나씩 차분하게 공유해도 마케팅 효과가 나쁘지 않다고 생각하기 때문이다. 오히려 스킬이나 꼼수가 아닌 진정성 있는 콘텐츠만 담아 낼 수 있기에 잠재 고객에게 더 신뢰를 얻을 수 있다. 그러니 창업을 준비하는 단계에서는 많은 사람에게 자신을 노출하려고 기를 쓸 필요는 없다. 난 그것만큼 쓸모없는 짓이 없다고 생각한다. 수많은 사람에게 노출이 되어 문의가 들어온들 또 고객에게 시선을 두고 일한다면 돈을 버는 게 아닌, 열심히 노동해서 유지하는 삶밖에 되지 않겠는가?

게다가 처음부터 온라인 마케팅 전략을 통해 부족한 역량을 포장하는 데만 주력하면 끝까지 버텨 낼 힘이 없다. 매 순간 다시 원점으로 돌아가 있는 자신을 발견하고 싶지 않다면, 시작부터 자신의 역량을 쌓는 데만 집중해 보자. 자신이 성장하는 과정 그 자체가 마케팅되는 선순환 구조를 만들 기회는 계속 오는 게 아니다. 처음, 그 시작을 놓치지 말아야 한다.

모든 'IF……,'를 제거하면
당신은 자유로워진다

창업하는 방식에 옳고 그름의 기준은 없다. 사업 아이템이 뛰어나 투자를 받아 승승장구하는 회사도 많고, 무조건 돈을 쓰지 않는 것보다 자금을 적절히 활용하여 빠른 속도로 그 분야에서 자리매김하는 회사도 많다. 온라인 마케팅 능력 하나만으로 거대 기업에 인수된 경쟁력 있는 회사도 많고, 완벽주의 성향으로 철저히 준비해서 고객 앞에 선 친구도 전문가의 길을 잘 다듬어 가고 있다.

하지만 창업의 필수 요소라 생각했던 돈이나 고객을 사로잡을 만한 아이템, 온라인 마케팅에 너무 열을 올리지 않더라도 차분하게 한 분야의 전문성을 다지며 안정적으로 회사를 운영하는 사람도 많다는 것을 간과해서는 안 된다. 특히나 바이러스 이후의 세계는, **되도록 위험 부담을 줄이면서 롱런할 수 있는 회사를 운영하는 것이 더 중요해졌기 때문에 불필요한 것들을 최대한 걸러내고 덜어낼 수 있어야만 한다.** 그러기 위해서는 되도록 IF…… 즉, 투자만 받으면, 아이템만 좋으면, 마케팅만 잘 되면 대박 날 것 같다는 막연한 기대를 한층 더 내려놓고, 회사를 운영해 갈 CEO 본인의 내공과 역량을 쌓는 데 집중해야 한다.

30대부터 사업가의 삶을 살겠다고 다짐해 놓고 모아 놓은 돈이 한 푼도 없다는 게 참 다행이었다. 어설프게 사업 자금 모은다며 적금이라도 들었으면 돈을 들여서 창업할 방법을 찾다 결국엔 돈에 평생 얽매일 뻔했다. 돈으로부터의 자유로 시작된 창업은 아이템과 마케팅에 대한 부담도 자연스레 덜어 줬다. 지금 당장 눈앞에 닥친 것들을 처리하지 않으면 안 되는 환경이었기에 그럴싸한 아이템을 구상하는 데 불필요한 시간을 허비하지 않을 수 있었고, 마케팅에 집착하며 시선을 고객에게 뺏기지 않을 수 있었다. 무엇보다 창업을 준비하며 좋은 스승님들을 만난 덕분에 위험요소를 더 줄일 수 있었고, 어떤 일이든 지금부터 가치를 창출해 낼 방법을 찾는 것에만 집중할 수 있었다. 덕분에 그간 쌓아 온 이력이나 경험에 너무 얽매이지 않을 수 있었고, 좋아하는 일이나 잘할 수 있는 일로 시작해야 한다는 기준도 없었다. 아무것도 갖춰진 게 없었기에 어떤 아이템을 기반으로 한들 내 안의 잠재 역량을 끌어내고 다각화된 경험을 쌓을 수 있는 환경이었다. 그 외에도 창업의 필수 요소라 생각했던 것들을 모두 버렸지만, 시작부터 그 어떤 것에도 얽매이지 않는 자유를 얻었다.

경력 단절 두려움을 극복하고
육아와 사업, 두 마리 토끼를 다 잡은 워킹맘

오미아트 대표 오미정

"새벽 5시 기상, 왕복 4시간 지옥철 출퇴근, 점심조차 제대로 못 챙겨 먹던 과도한 업무량, 마음대로 쓰지 못해 공중 분해된 연차…. 직장 다닐 때 저는 한시도 여유를 부리지 못하는 워커홀릭이었어요. 그나마 숨을 돌릴 수 있던 힐링 포인트라고는 혼자 음식 그림을 그리며 보내는 시간이었는데요."

현재는 취미로 그리던 그림으로 여러 권의 책을 펴낸 작가이자, 충분한 여유 시간을 보내며 회사를 운영하고 있는 사업가입니다.

2015년, 박하루 작가님을 만난 건 제가 임신했을 때였어요. 경력 단절에 대한 두려움과 호르몬의 변화, 출산을 준비하며 겪는 우울함 등 인생에서 가장 큰 심적 변화를 겪던 시기였죠. 책을 기반으로 브랜딩을 구축하며 경력 단절 두려움에서 벗어나라며 부추기는 자기계발 강사들과 달리, 그녀는 브랜딩이나 마케팅에 집착하기보다 진솔하게 그간의 경험이나 소소한 일상을 담아내는 것부터 시작해 보라고 했어요.

처음엔 일상은 너무 시시하지 않을까, 무언가 부족하지 않을까 하는 마음이 들기도 했지만, 좋아하는 그림을 편안한 마음으로 하나씩 책에 담아 내다 보니 어느덧 출판된 책만 10권이 넘더라고요. 미대 전공도 아니고, 그림을 특출나게 잘 그리는 것도 아닌데, 한 달에 하루 꾸준히 작가님과 함께 창작 활동을 이어가다 보니 취미로만 그리던 그림이 살아 숨쉬기 시작했어요.

일상의 소소한 에피소드는 모두 창작물이 되었고, 삶에 여유가 생기기 시작했어요. 이전에는 여행을 다녀도 사진만 찍기 바빴지만, 요즘은 한적한 카페에 앉아 눈으로 담은 풍경을 드로잉하며 여유롭게 일상을 보내요.

회사를 운영하면서도 많은 고객을 만족시키려 하기보다 작가 본연의 가치를 향상시키기 위해 꾸준히 창작 활동에 집중했고, 그 가치를 알아봐 주시는 분들이 고객이 되어 사업을 안정적으로 운영할 수 있게 되었어요.

이 책을 빌려 그간 감사의 마음을 전하고 싶고요. 혹시 이 책을 읽고 있는 누군가 아주 바쁜 삶을 살고 있다면 그녀가 말하는 여유로운 하루의 가치를 스스로 검증하고 경험해 보세요. 우연한 단 하루가 특별한 일상을 선물해 줄 테니까요.

- 오미아트 대표 오미정

5장. 최소한의 일만 하며 여유롭게 사는 법 I

: 최소한의 일만 하며 살기 위해
소신껏 지켜 온 것들

삶에서 일을 최소화하고 싶다면

20대는 학업과 일의 경계가 모호한 데다 시행착오를 겪는 단계다 보니 개인의 역량이나 성향이 두드러지게 나타나지 않는다. 그러다 30대 중반에 들어서면, 희미하게나마 그 사람 특유의 성향과 라이프스타일이 조금씩 드러난다. 일에서도 그렇다. 어떤 이는 공직이나 직장 생활이 잘 맞는다고 하고, 어떤 이는 정말이지 직장 생활은 체질에 안 맞아서 못 해먹겠다는 이도 있다. 누군가는 경영을, 누군가는 장사를, 누군가는 연구를 하며 다채로운 삶의 방식으로 살아가면서 일에 관한 호불호도 점차 명확해진다.

물론, 자신이 어떤 분야의 일을 좋아하는지 아직 잘 모르겠다는 이들도 많다. 아직 본인의 성향에 맞는 일이 무엇인지 잘 모른다고 해도 걱정하지 마시라. 대부분 사람이 자신이 잘하는 게 뭔지는 잘 몰라도, 최소한 자신이 무엇을 싫어하는지, 어떤 일을 할 때 감당하기 버거운지는 스스로 잘 아는 편이더라.

사실상 무슨 일을 하든 돈을 버는 것 자체는 문제가 되지 않는다. 노동의 가치로 상응하는 재화는 돌고 돈다. 하지만, **삶에서 일을 최소화하고 싶은 욕구는 단순히 일과 돈의 맥락만으로는 절대 채워지지 않는다. 스스로 만족할 만한 삶의 가치와 요구 조건들이 충족되었을 때, 비로소 풍요로운 일상을 살아갈 수 있다.**

평균 수명 100세 시대, 지치지 않고 즐겁게 롱런할 수 있으려면 어떻게 해야 하는지, 이번 장에 나오는 주변 인물들의 이야기를 통해 그 실마리를 함께 찾아보자.

고객보다 나를 먼저 배려하는 이유

대학생 때, NGO 단체를 오래 운영해 온 위원장님과 식사를 한 적이 있다. 당시 대학생 활동가로 봉사 프로그램에 몇 번 참여했는데, 그때마다 함께 식사하곤 했다. 아이들의 인권 보호와 기아 대책에 관심이 많던 그는 그간 진행해 온 지원 사업에 대한 이야기를 들려주었다. 직원들과 함께 술을 마실 때면, 그간의 힘든 여건 속에서 어떻게 버텨 왔는지 허심탄회한 이야기를 나누기도 했고, 종종 해외에 머물던 시간이 많아 가족들과 함께하지 못한 시간에 대해 아쉬움을 표현하기도 했다.

이혼한 후 혼자 살고 있던 그는 가족과 한참이나 떨어져 지낸 상태였다. 부인이 떠난 후 아이들과 친인척 집을 전전하며 흩어져 살았고, 아이들과 재회 후에도 같이 한집에 산 것은 아니다 보니 자식들 볼 일이 많지 않았다. 술을 한잔할 때면 자신 때문에 가정이 불행해진 것 같다며 눈시울을 붉히기도 했지만, 그는 나름의 방식대로 세상의 아이들에게 기대어 위로를 받고 있었다. 그의 가정사를 들을 때면 연민이나 측은함도 잠시, 내 머릿속에는 온통 자식들이 아빠가 하는 일에 대해 어떻게 생각하고 있는지가 궁금했다. 그들에게 아빠는 어떤 존재였는지, 가족과 함께한 시간을 어떻게 추억하며 살아가고 있는지 말이다.

NGO라는 단체의 특성을 고려하지 않더라도, **가족에게 이기적인 사람들이 고객에겐 상당히 헌신적인 경우가 많다.** 아주 작은 배려부터 감당하기 버거운 배려까지 자신보다 남을 먼저 배려하며 사는 이들이 참 많은 것 같다. 사람은 함께 어우러져 살아가는 존재이기 때문에 남을 먼저 배려해야 하는 상황을 자주 마주하며 살아간다. 하지만, 비즈니스 세계에서는 나를 먼저 배려하지 않으면 안 되는 상황이 더 많다. 고객이나 직원을 배려하다 정작 자신은 생활고에 쪼들리며 사는 대표들이 허다하고, 사회 문제를 해결하기 위해 밤낮없이 고군분투하지만 정작 자신의 가정은 파탄에 이르게 하는 이들도 많다. 그들은 자신이 왜 회사를 설립했는

143

지, 집중해야 할 중요한 일이 무엇인지조차 알지 못한 채 그저 정신적, 육체적 고통을 감내하며 대표라는 책임감의 무게를 끌어안고 살아간다. 물론 한 회사의 대표라면 감당해야 할 책임감이 있다. 하지만 남을 배려하는 요인에 신경 쓰다 자신을 잃게 되는 우를 범해서는 안 된다.

가정을 잘 지키면서 사회 환원적 가치를 전하며 사는 것은 삶의 축복이다. 하지만, 세상의 아이들을 돌보는 동안 자신의 아이들은 부모에 대한 애정 결핍을 느끼며 자라고 있다면, 삶의 우선순위를 어디에 둬야 할지 다시금 생각해 볼 필요가 있다.

일하지 않기 위한 일만 한다

보험 설계사에 관심 있는 한 남성이 있다고 해 보자. 보험 설계사가 된 후 가장 먼저 해야 할 일은 무엇일까? 이런 질문을 하면 "사람을 만나러 다녀요", "보험을 팔기 위한 고객을 찾아요."와 같이 고객을 만날 생각을 먼저 한다. 보험뿐만 아니라 영업직은 고정 급여가 적거나 아예 없기에 흔히 고객을 많이 만나는 만큼 더 많이 돈을 벌 수 있다고 생각하기 쉽다.

보험 설계사를 준비할 때도 그렇다. 되도록 자격증을 빨리 따고 고객을 만나러 현장에 나가고 싶어 안달이다. 어떤 이들은 자격증을 따기도 전에 세일즈나 마케팅 관련 세미나를 들으며 어떻게 하면 고객을 만날 수 있을지 부단히 연구하기도 한다. 고객을 만나는 순간에도 되도록 고객의 상황을 고려하여 보험을 분석하고 제안한다. 고객을 만나기 전부터 헤어지는 순간까지 시선이 온통 고객에게 맞춰져 있다.

반면 보험 설계사이지만 고객을 신경 쓰지 않는 한 남자가 있다. 그가 보험 영업이 능숙해졌기 때문에 고객을 덜 신경 쓰는 영업 베테랑은 아니다. 단지 보험 설계사를 준비할 때부터 시선을 자신에게 두고 일을 시작한 사람이다. 보험 설계사가 되려면 우선 보험에 대해 알아야 한다. 단순히 한 회사의 보험을 소개하는 것이 아닌, 다양한 보험사의 보험 내역을 분석하며 직접 설계할 줄 알아야 하기 때문이다. 그는 자신이 정리한 노트를 보험 설계사를 준비하는 사람들이나 보험에 관심 있는 사람들에게 무료로 공개했다. 무료로 공개한 자료 말고도 보험사나 직업군별로 분석한 자료는 보험을 함께 공부하는 동기들이나 스스로 보험을 비교하고 분석하고자 하는 이들이 자료를 원한다면, 구독을 신청하게 했다. 그 후 그는 보험에 대해 꾸준히 공부하고 정리할 때마다 노트를 그대로 구독자에게 공유했다. 구독자 중에는 꾸준히 공부하며 업데이트하는 그에게 상담을 받고 싶다는 문의를 하는 사람도 생겼다. 그런 빈도수가 늘다 보니 그는 점점 사무실 밖으로 나가는 시간보다 사무실 안에서 고객을 맞이하는 시간이 늘었다. 메일링을 받아 보는 사람들이 그의 노트를 보고 점차 신뢰를 하기 시작한 것이다. 이런 이야기를 하다 보면, 이미 고객을 위해 무료 콘텐츠를 제작하거나 구독 서비스를 운영하는 마케팅 전략은 많지 않냐고 묻는 이들도 있다.

하지만 본인을 위해 배움의 과정을 정리하는데 집중하는 것이 아닌, 고객을 위해 자료를 정리하며 블로그 글을 쓰는 행위는 일을 늘리는 행위 밖에 되지 않는다. **외형적으로 비슷해 보여도 시선을 나에게 두고 있는 것과 고객에게 두고 있는 것에 따라 일의 양과 성과가 달라진다.**

불특정 다수의 고객을 끌어오려는 의도를 가지고 마케팅에 집중하는 분 중 상당수는 칼럼을 한 편 쓸 때도 에너지 소비가 상당하다. 막상 글을 통해 고객이 상담을 받으러 오면 그때부터 다시 고객 맞춤형으로 쉼 없이 떠들며 상담하느라 바쁘다. 하지만 그는 고객이 사무실을 찾아와도 상담 시간이 그리 길지 않았고, 고객을 만나지 않고도 계약 접수가 들어온 경우도 많았다. 수백 개의 보험 상품이 존재하지만, 그중에 한 보험사가 전략적으로 판매하는 보험 상품은 그리 다양하지 않다. 이미 나름의 가치와 기준을 가지고 유형별로 보험을 분석하고 정리해 두었기에 노트를 꾸준히 받아 본 이들은 그가 정리한 범주 내에서 상품을 선택하고 돌아간다. 서로 앉아서 몇 시간씩 떠드는 것은 오히려 두 사람에게 모두 시간 낭비일 뿐이다.

메일링 구독 서비스를 받는 사람은 어떻게 찾냐고 질문하는 이가 있다. 이는 온라인 마케팅에 관심이 많아 늘 시선이 고객을 향해 있는 이들에게 많이 받는 질문 중 하나다. 자신이 공부하면서 참고하는 사이트나 채널이 있다면 그곳에서 꾸준히 배움의 과정을 차분히 정리하면 된다. 그러다 보면 그중 관심이 있는 사람들은 당신의 메일 서비스를 구독할 것이고, 꾸준히 배움의 과정을 지켜본 이는 어느새 내 고객이 되어 있을 것이다. 이렇게 하면 돈을 버는 시간이 더딜 것 같지만, 수천 명에게 노출하기 위해 온라인 마케팅을 배우러 다는 것도 만만치 않은 시간과 기회비용이 든다. **온라인 마케팅을 늘 경계하는 이유는 고객에게 자신을 노출하는 것에만 신경 쓰다 정작 가장 중요한 내공을 쌓는 시간을 잃게 되기 때문이다.**

보험을 예로 들었지만, 이는 무언가를 새롭게 배우기 시작하는 모든 분야에 적용되는 사례이다. 나 역시 책과 관련된 일을 시작할 때 출판 시장은 물론 출판 저작권에 문외한이었다. 하지만 고객이 출판이나 저작권 관련된 문의를 할 때마다 저작권위원회와 출판 관련 전문가에게 문의하며 하나씩 배울 수 있었고, 늘 배운 것을 고스란히 고객과 공유했다. 배움의 과정이 그대로 서비스가 된 것이다. 배우는 과정을 정리하는 데 시간이 많이 들지 않을까 걱정하는 이들도 있다. 특히 지금 당장 돈을 벌어야 하는 상황이라면 더욱더 그렇다. 하지만 돈을 빨리 벌고 싶어서 이곳저곳 기웃거리며 돈 벌 궁리를 하는 과정도 시간이 만만치 않게 든다. 그 과정에서 수익이 나면 좋겠지만, 자신이 움직이는 것을 멈추는 순간 다시 돈을 벌 수 없다는 불안감을 늘 가지고 살아야 한다. **그 불안감 속에 시행착오를 반복하는 것만으로도 상당한 시간과 기회비용이 든다.**

물론, 고객의 성향을 잘 파악하고 분석하는 데 열을 올린 영업 사원일수록 영업 이익이 좋기도 하다. 하지만 영업 이익이 좋더라도 일을 많이 하고 있다면 그건 **삶을 유지하기 위해 노동을 하고 있는 것이지 돈을 벌고 있는 것이 아니다.** 사업을 하는 사람들 역시 매출에서 비용을 빼고 순익이 조금이라도 남으면 돈을 벌었다고 하고, 마이너스나 가까스로 밸런스가 맞으면 입에 풀칠할 돈을 벌고 있다는 말을 한다. 하지만 두 상황 모두 돈을 벌고 있는 것이 아니다. 이는 "일"에 대한 나름의 해석 기준이 다르기 때문이다.

내가 생각하는 일이란 고객을 위해 시간과 노력을 들이는 행위를 말한다. 반면에 **내 잠재 역량을 계발하기 위해 혹은 배움의 과정을 정리하며 성장하기 위해 시간과 노력을 들이는 것은 더 이상 일이 아니다. 그 과정에서 매출이 나고 순익이 나면 그것이야말로 돈을 버는 것이다.**

당신이 어느 한 분야에 뜻이 있고 배움에 대한 욕구가 있다면 차분히 그 분야에 대한 관심을 가지고 잠재된 역량을 계발하는 데 집중해 보라. 성과가 다소 느리게 보일지라도 그 과정은 고스란히 본인의 역량으로 쌓일 것이다. 어차피 무엇을 새롭게 시작하든 6개월이나 1년은 제대로 돈을 벌기 힘들다. 반면 자신을 위해 온전히 시간을 투자하면서 돈이 벌린다면, 득이 되지 해가 될 건 없다. 우리는 살아가면서 계속 배움의 기회에 노출되어 있다. 배움의 과정을 함께 공유하며 나누는 것만으로도 돈이 벌린다면 사업가로서 그보다 더 좋은 성장 방식은 없을 것이다.

최소한의 노력으로
최대한의 자유를 누린다

10여 년 전 지중해에서 스쿠버 다이빙을 처음 시작했다. 수중 세계의 매력에 빠져 즐기다 보니 다이버 마스터 과정까지 하게 되었다. 그때 마스터 과정을 함께 했던 외국인 친구가 있었다. 그가 여전히 전 세계로 다이빙을 다니다 보니 아시아 지역을 여행할 때는 중간에 조인하기도 하고, 한국에 잠시 스톱오버차 머물면 그와 동행한 다이버들과 함께 식사하기도 한다.

몇 해 전 그 친구와 함께 다이빙하러 갔을 때의 일이다. 도착해서 짐을 풀고 체크인을 하면서 라이선스를 꺼냈는데 그곳에 있던 14명의 다이버

중 두 명의 커플을 제외하고는 모두 다이버 마스터이거나 인스트럭터(강사)였다. 그 친구에게 이번 여행에 참여한 분들은 마스터 이상이 많은 것 같다고 하니 그는 주로 이런 부류의 고객이 많다고 했다. 왜 그러냐고 물으니, 자신은 다이빙을 즐기러 다니는 것이지 가르치러 다니는 사람이 아니라 했다.

그가 고객의 범주를 공식적으로 제한하지는 않았다. 그러나 그를 찾는 고객은 다이빙에 이제 막 흥미를 느끼기 시작한 사람보다 이미 다이빙을 취미 이상으로 해 온 다이버들이나 수중 촬영에 관심 있는 다이버의 비율이 높았다. 게다가 그의 고객 중 상당수는 매년 그와 다이빙을 한 지 기본 6~8년 이상의 진성 고객들이 많았다. 그나마 얼마 안 된 고객은 4년 정도였다. 현지에서 참여한 다이버들 말고 나처럼 해외에서 온 다이버들도 그와 함께 다이빙을 해 온 지는 수년 차다. 해외에서 합류한 친구들은 그와 마스터 과정을 하면서 버디로서 친분이 있기 때문에 해외 일정을 서로 맞춰 다이빙하러 다니기도 한다지만, 현지 고객의 입장에서는 수많은 여행사가 있을 텐데 굳이 그와 매년 다이빙을 하러 간다는 것이 잘 이해가 되지 않았다. 하나투어를 통해 처음 여행을 갔다고 해서 매번 하나투어를 이용하는 고객이 그리 많지 않듯, 여행을 다닐 때마다 가성비가 좋은 여행사를 택해서 떠나는 경우가 많지 않은가.

나는 왜 고객이 그를 다시 찾는지 궁금했다. 다른 여행사에 비해 가격이 저렴한 것도 아니었다. 오히려 경비가 더 비싼 프로그램도 많았다. 그렇다고 서비스가 특별하지도 않았다. 항공과 아일랜드 리조트를 예약해 줄 뿐 식사와 다이빙은 각자 마치고 돈을 지급하는 방식이었다. 홈페이지는 오래전부터 관리가 안 된 상태였고, 온라인 광고에 돈을 지급하며 고객을 모으지도 않았다. 하지만 그의 회사는 매년 상위권에 들 만큼 매출 실적이 높은 데다 직원이라곤 그를 포함해 단 두 명이라 순익도 높았다.

사업의 시작은 이랬다. 수중 촬영을 좋아하던 그는 다이빙 다녀온 영상을 자신의 페이스북에 올렸다. 친구들은 피드를 보고 나도 한번 기회가 되면 가고 싶다거나 다이빙하기 좋은 곳을 추천해 달라고 했다. 그런 친구들이 하나둘씩 생기다 보니 동행 인원이 늘었다. 한두 번 함께 다녀오니 영상에 담기는 사람들이 많아졌고, 친구들 외에 외부에서 관심이 있는 사람들이 문의해 오기 시작했다. 질문에 답변하기 귀찮을 때는 각자 예약을 하고 수중 촬영 일정이 맞는 사람은 조인하라고 했다. 투어를 다닐 때마다 여행사 사이트보다 저렴한 최저가 항공과 호텔 예약 사이트에 접속해서 예약했기 때문에 운이 좋을 때는 최대 60%까지 할인을 받기도 했다. 그는 할인을 더 받기 위해 여행사 등록증을 낸 뒤 기업 할인가로 예약을 했다. 그러다 보니 혼자 여행을 다닐 때는 돈을 내면서 다이빙하러 다녔는데, 사람이 모이니 경비가 절감되거나 자신의 경비는 일절 들이지 않은 채 여행을 갈 때도 있었다.

패키지나 소규모 그룹 투어를 갈 때 투어 리더는 항공이나 호텔, 그 외 서비스 부분에서 할인을 받거나 무상으로 서비스를 받는 경우가 더러 있다. 매번 돈을 들이며 수중 촬영을 하러 다녔는데 경비가 절감된다는 건 그에게도 좋은 일이었다. 그 후로는 다이빙을 하러 갈 때마다 SNS에 미리 일정을 공개했고 동행을 원하는 사람들이 조인했다. 다이빙을 떠나기 위한 최소한의 업무인 예약은 유일하게 있는 여직원 한 명 혹은 대행사가 맡아서 했고, 그는 오로지 수중 촬영을 즐기는 것에만 몰입했다.

그의 개인적 취미 덕분에 수중 사진이나 영상에 관심 있는 사람들이 주로 그를 찾았고, 그들은 이미 다이빙 횟수가 기본 이상은 되었기에 다이빙 매너를 알고 있었다. 그렇게 그는 지난 10년 동안 전 세계 다이빙을 다니며 돈을 벌었다. 매년 12개월 중 8개월은 투어를 다니고 4개월은 휴식을 취하며 가족들과 시간을 보내는 것이 그의 일상이었다. 그는 쉴 때도 늘 자신이 좋아하는 카메라를 끼고 살았다. 다이빙하지 않을 때는 스키나 암벽을 타고, 카이트 보딩과 같은 수중 레저를 즐겼다. 다이빙 외에 다른 여행은 고객과 떠나지 않았기에 피드를 구경하던 사람들은 영상을 보며 여행 떠날 채비를 하다 투어 일정이 올라오면 사전 예약을 했다.

그의 피드는 여전히 조회 수나 구독자 수가 높은 편은 아니다. 하지만 구매 고객으로 전환되는 비율은 한 해 스케줄이 차 있을 정도로 안정적이면서 높다. 그가 꾸준히 고객을 유치할 수 있던 원동력은 영상을 기반으로 한 마케팅 전략이나 최상의 서비스를 제공하기 위한 노력이 아니었다. 단지 자신이 가장 즐거워하는 일을 자유롭게 즐기는 삶을 있는 그대로 표현했기에 최소한의 노력으로 최대한의 자유를 누릴 수 있던 것이다.

분수에 맞게 살수록
여유 시간을 번다

집 근처 자주 가는 삼계탕집이 있다. 식당 입구에 들어서면 현수막이 하나 걸려 있다. 그곳엔 "초복, 중복, 말복은 쉽니다."라는 문구가 크게 붙어 있다. 닭을 파는 식당은 복날만큼 대목이 없는데 일 년에 3번이나 있는 대목의 매출을 포기한다는 것이 선뜻 이해되지 않았다.

치킨의 경우 굳이 복날이 아니어도 즐겨 먹는 음식 중 하나이기 때문에 괜찮다지만, 삼계탕 하나 파는 집이 복날에 쉰다면 매출에 타격이 있을 법하다. 매출 통계를 보더라도 대목은 평소보다 15% 정도 매출이 상승

하기도 하고, 연간 매출의 상당수의 비율을 차지하기도 한다. 이유가 궁금했던 나는 사장님께 왜 복날은 쉬냐고 여쭤봤다. 그는 차분한 어투로 우리 식당은 가마솥에 끓여 요리하는 전통 방식을 고수해 온 곳인데 사람이 밀려온들 그 맛이 나겠냐며 그럴 바엔 차라리 음식을 팔지 않는 것이 더 낫다고 했다.

차분함 속에 견고한 자부심이 느껴진다. 마치 아담하지만 수백 년간 전통 손맛을 고수해 온 일본의 오래된 식당 느낌이랄까. 사람 심리가 참 이상한 게, 그런 말을 듣고 삼계탕을 먹으니 왠지 더 정갈하고 맛있는 음식을 먹고 있다는 생각이 든다. 삼계탕이 특별히 맛있는 것도 아닌데 평소에 괜히 더 생각이 난다. 점심이나 저녁 시간대를 피해서 가는 편인데도 이곳엔 꾸준히 손님이 있다. 그렇다고 맛집이라고 소문나 유난을 떠는 곳도 아니다. 위치가 그리 좋은 편도 아니고, 구석진 곳에 위치한 주거 형태의 식당이기에 동네 사람들이 지나면서 식사 한 끼 하고 가는 차분한 분위기다. 하지만 복날만 기다리며 바짝 매출을 올리는 음식점보다 꾸준한 매출을 유지하는 곳임엔 분명했다.

맛집으로 이름난 곳이 아닌 이상 한 지역 일대에서 식당의 하루 매출 차이는 거의 없다. 이미 그 지역의 한정된 수요가 있기 때문에 메뉴가 많고 적음도 매출에 그리 영향을 미치진 않는다. 메뉴가 다양하다는 것은 고객 입장에선 선택의 폭이 넓어 좋을지 몰라도 자영업자 입장에서는 그리 좋은 게 아니다. 메뉴가 많을수록 식자재 위험률은 물론 일에 얽매이는 시간도 배로 든다.

A라는 사람이 찌개 정도는 끓일 줄 아니 장사로 생계를 꾸려 갈 수 있겠다는 생각에 식당을 오픈했다고 하자. 그런데 여름이 되니 사람들이 냉면이나 콩국수는 없냐고 물어 온다. 요리 방식이 어렵지 않고 식자재 비용이 그리 많이 들진 않으니 메뉴를 추가해 본다. 겨울이 오니 이젠 돌솥이나 철판 메뉴가 먹고 싶다는 고객들이 있다. 재료비가 들어 봤자 얼마나 들겠냐는 생각에 또다시 메뉴를 추가한다. 그것도 모자라 지속해서 신메뉴를 개발해 본다.

그렇게 메뉴가 금방 수십 가지 늘었다. 메뉴가 늘어난 만큼 식기류나 식자재도 다양해졌다. 도구와 재료가 다양해진 만큼 손이 가는 일이 늘어났다. 조금이라도 수고를 덜기 위해 직원을 고용해 본다. 하지만 치솟는 인건비와 임대료를 감당하려면 자리를 비우기 쉽지 않다. 주말도 연이어 오픈하며 매출의 잔고를 맞춰 본다. 이렇게 하나씩 채워 가도 일에서 벗어나는 게 쉽지 않은데, 대게는 고객을 마주하기 전부터 모든 것을 세팅하고 맞이하고 싶어 한다. 고객의 입맛에 맞는 메뉴를 개발하고, 식당 분위기에 맞는 인테리어를 고심하며 오픈 전부터 열심히 고객의 눈길을 사로잡기 위해 홍보에 열을 올린다.

하지만 이렇게 철저히 준비하고 오픈했는데도 불구하고 손님이 오지 않으면 어떻게 해야 할까? 창업 초기에는 원래 마이너스를 감안하는 것이 당연하다며 참고 견뎌야 할까? 그렇게 1년이라는 시간이 지나는 동안 지속적인 마이너스 생활을 견뎌 내지 못하면 그 모든 위험 부담률은 누가 감당해야 할까?

바로 당신이다. 당신이 고스란히 감당해야 한다. 생각만 해도 끔찍하지 않은가. 자영업은 기본적으로 초기 자본이 들기 때문에 일을 최소화하는 방식을 고수하기 힘들다고 생각하는 이들이 많다. 하지만 이 또한 그간의 관습에 얽매인 고정관념에 불과하다.

자영업의 대표 격인 식당 운영을 한번 예로 들어 보자. 지인 중 15년 넘게 일식 요리사로 일해 온 분이 있다. 그는 요리에 대한 자신의 신념을 기반으로 나름의 방식과 맛을 고수하는 요리사이기도 하다. 그런 그조차도 자신은 요리사가 아닌 노동자와 다름없다는 말을 달고 산다. 요리사의 자부심을 걸고 정갈한 요리를 식탁에 내어놓고 싶은데 늘 밀려오는 오더를 처리하기 바쁘다는 것이다. 가끔은 돈을 받고 요리를 내는 것이 치욕스럽게 느껴질 때도 있다고 한다. 요리에 대한 신념이 강한 그는 이전에도 여러 번 창업을 시도했다. 하지만 식당을 운영하기엔 맛 외에 신경 쓸 게 너무 많다며 몇 년을 버티지 못한 채, 요리와 경영은 다르다며 다시 주방으로 돌아갔다. 요리뿐만 아니라 아티스트가 사업적으로 성공하긴 쉽지 않다는 것이 진리처럼 통용되고 있기도 하다. 하지만 나는 이 또한 사업이나 경영이라는 단어에서 오는 기존의 고정관념 때문이라고 생각한다.

경영이라는 단어에는 수많은 뜻이 담겨 있다. 하지만 그것을 하나씩 까발려 보면 결국 갖춰야 할 것들을 늘어놓은 것에 불과하다. **갖춰야 할 것들이 많다는 것은 "결국 해야 할 일이 많다"로 이어진다.** 자본금을 마련하는 것부터 시장을 분석하고, 운영에 관리까지 감당하려다 보면 정작 왜 자신이 창업을 하려고 했는지조차 망각하게 된다. 그가 식당을 운영하고 싶었던 이유는 요리의 맛을 고수하기 위해서다. 그렇다면 거창하게 레스토랑을 오픈하고 운영할 생각에 사로잡혀 고심만 하기보다, 우선 맛을 고수하면서 자신의 분수에 맞게 고객을 하나둘씩 늘리는 일에 집중해야 한다.

실례로 우리 동네에는 바 테이블에 4팀 정도 앉을 수 있는 작은 일식집이 있다. 콧수염 난 그 아저씨는 요리사이자 사장님이다. 운영 시간은 오후 5시에서 10시 사이다. 메뉴는 따로 없다. 오늘의 메뉴만 있을 뿐이다. 자리가 한정되어 있어 예약하지 않으면 맛이 일품인 요리를 맛보기 쉽지 않다. 그렇다고 그리 유명한 맛집도 아니다. 조용한 분위기와 그의 요리를 좋아하는 단골이 드나드는 작은 가게다.

창업할 때 그는 스스로 많은 메뉴를 감당할 수 없다는 것을 잘 알고 있었다. 그는 참 자신의 분수를 잘 아는 사람이다. 간혹 분수에 맞게 살라는 말을 들으면 기분 나빠 하는 사람들이 있다. 간혹이라기보다 아마 대부분이 그러할 것이다. 그 말을 듣고 기분이 언짢은 사람은 지금의 현실에 그리 만족하지 않는 사람일 확률이 높다. 하지만 그 표현을 듣고도 기분 나빠 하기는커녕 유쾌하게 받아치는 이들을 보면 대개는 삶에 대한 만족도가 높다.

그는 자신의 분수에 맞게 작은 공간에서 자신만의 요리를 선보인다. **분수를 잘 알기에 그가 얻은 것이 하나 있다. 바로 자신에게 집중할 수 있는 시간이다.** 오픈을 하기 전까지는 온전히 그의 시간이다. 그의 일과를 들여다보면, 아침부터 신선한 재료를 찾기 위해 직접 장을 본다. 손님을 마주하기 전까진 신선한 요리에 감칠맛을 더해 줄 재료를 다듬고 정갈하게 내놓는 것에 대한 고심만 한다. 그날 예약된 테이블 인원수대로 음식을 준비하기 때문에 식자재가 남는 일도 거의 없다. 단조로운 인테리어는 고객의 편의나 시선을 끌기 위한 디자인이라기보다 문에 들어서는 순간 그 사람 고유의 냄새가 나는 공간이란 느낌이 든다.

가게 규모가 작아서 홀은 따로 없다. 홀이 없기에 서빙을 할 필요도 없고 공간이 한정되어 있어 눈앞에 있는 손님에게 집중할 수 있기도 하다. 하루에 몇 팀만 받아도 신선한 요리를 제공하며 원하는 순익을 낼 수 있는 환경에선 고객을 많이 받기 위해 일을 늘릴 이유가 없다. 아침부터 저녁까지 온종일 가게를 오픈해 두는 것은 자영업자 입장에서는 아무 도움이 되지 않는다. 언제 올지 모르는 고객을 기다리는 것만큼 사람을 지치게 만드는 일도 없다.

그는 오로지 자신의 요리를 뽐내는 것에만 집중한다. 그런 그의 음식을 맛있게 먹어 줄 누군가가 필요하지 않겠는가? **그게 바로 고객이다.** 고객을 위해 요리를 하는 것과 나를 위해 요리를 하는 것은 다르다. 겉으로 보기엔 확연한 차이가 드러나지 않더라도 시선이 고객이 아닌 나를 향해 있다는 사실만으로 가게 운영엔 엄청난 차이가 난다. 매출은 둘째

치고 일을 한다는 느낌보다 더는 일이 일처럼 느껴지지 않는 순간의 연속이다.

스튜디오 대표가 아닌 아티스트로 사는 삶

"일을 내려놓으니 창작 활동에 더 몰입하게 되더군요"

BM 스튜디오 임우섭 대표

10년 전 첫 스튜디오를 오픈할 때, 난관에 부딪힐 때마다 몸이 먼저 움직여야 한다는 생각에 누구보다 열정을 다해 일했어요. 24시간 풀가동 밤낮 없는 삶은 이미 이골이 났고, 사업을 확장하는 데 열을 올리며 한시도 제대로 쉬지 못했죠.

스튜디오 대표가 아닌 저 자신을 위해 단 1시간도 제대로 갖지 못한 채 앞만 보고 달려왔거든요. 왜 제가 스튜디오를 오픈했는지, 왜 사진을 찍고 있는지조차 잊은 채 말이죠. 나만의 감각이 묻어나는 창작활동을 하며 살고 싶었는데, 남의 사진만 찍어 주다 정작 제가 원했던 작품이 무엇인지조차 희미해졌죠.

하지만 잠시 멈추어 서서 왜 일을 하고 있는지에 대해 심도 있게 들여다보는 시간을 갖게 되면서, 꼭꼭 숨어 있던 창작 욕구가 다시 활활 타오르기 시작했어요.

창작 활동을 하고 싶다는 욕구가 샘솟자 새벽까지 일을 붙들고 있던 습관부터 개선했어요. 하염없이 일을 붙들고 있기보다 최대한 몰입해서 일을 끝내며 시시때때로 개인 작업을 했고, 일을 최소화하기 위해 적재적소에 인력을 투입하는 안목도 점차 높아졌어요.

일을 완벽하게 줄였다고 할 순 없지만, 분명한 건 제가 일 외에도 아티스트로서 창작 활동을 하는 데 충분한 시간을 할애하고 있다는 거예요. 스튜디오를 운영하면서 가장 하고 싶었던 창작 프로젝트를 서슴없이 진행하고 있고요. 현재는 BM 스튜디오 브랜드 가치를 담아 낸 여러 프로젝트도 한층 안정감 있게 운영하고 있어요.

- BM 스튜디오 임우섭 대표

6장. 최소한의 일만 하며 여유롭게 사는 법 Ⅱ

: 최소한의 일만 하며 살기 위해

신경을 꺼 버린 것들

게으를수록 탁월한 성과를 낸다

나는 자다가도 해야 할 일이나 미처 못 한 일들이 떠올라서 화들짝 놀라며 깨곤 한다. 이러다 죽음을 맞이하는 순간에 내 인생이 잡다한 일 더미뿐이었다는 사실을 깨달을까 봐 걱정이다. 언젠가 언니는 사람이 웃으면 뇌에서 화학물질이 나와 긴장을 풀어 준다고 말했다. 그래서 나도 웃으려고 노력했다. 새벽 4시에, 침대에 누운 채, 어둠 속에서.

브리짓 슐트 <타임 푸어(TIME POOR)> 中

일에 열정적으로 매몰되어 있을 땐, 왜 그토록 열심히 사는지에 대해 생각해 볼 겨를이 없다. 야근에 특근까지 마다하지 않고 밤낮없이 일하던 사람일수록 왜 일을 하는지도 모른 채 근심의 끈을 놓지 못하고 산다. 그렇게 적게는 수년을, 많게는 수십 년을 보내고 번아웃이 된 후에야 그간 왜 그토록 열심히 살았는지에 대해 고심한다. 하지만, 고민의 시간도 잠시, 일에 매진하던 수많은 시간에 비해 사색의 시간은 얼마 걸리지 않는다. **얼마나 많은 시간을 고민하든 결국 일에 치여 나를 돌보지 못한 그간의 시간이 후회로 남을 뿐이다. 그들은 대개 일이 바빠 자신을 돌볼 틈이 없었다고 하지만, 후회로 남은 삶의 결과는 일이 많고 적음의 문제가 아니다.** 그보단 당신이 그 누구보다 착실하게 일을 열심히 했던 사람이었기 때문이다. 게으를 줄 몰랐기에 누구보다 열심히 일했고, 한시도 게으름을 피우지 못해 지독한 감정 노동을 반복해야 했던 것이다.

조직 사회는 늘 게으른 사람보다 성실한 사람을 선호한다. 이력서만 보더라도 성실하다는 표현은 쉽게 발견할 수 있어도 게으르다는 표현은 좀처럼 찾아보기 어렵다. 조직은 성실함과 게으름을 평가의 기준으로 두기도 하고, 성과의 지표로 둔갑시키기도 한다. 하지만 성실히 일하는 것이 궁극적으로 "일을 잘한다"는 의미는 아니다. 성과를 내는 과정일 뿐 성과를 보장하지 않는다는 뜻이다.

직장을 다닐 때 나는 꽤 게으른 직원이었다. 인사 고과는 평가 시기마다 까딱하면 잘리기 직전이었고, 근면 성실한 면모는 좀처럼 찾아보기 힘들었다. 어떻게 하면 일을 더 쉽게 할지 꼼수를 부리는 데 능했고, 근무 시간에 밖을 돌아다니거나 딴짓하기가 특기였다. 주변 동료와 상사도 내게 성실함을 기대하진 않았다. 하지만 그런데도 기대의 끈을 놓을 수 없는 요인이 있었다. 바로 탁월한 성과였다. 성실하게 열심히 일하는 이들이 성과를 내면 늘 당연한 결과로 받아들이고 넘어간다. 하지만 게으른 이들이 성과를 내면 이상하게도 주변에서는 몇 배 더 격한 반응을 보인다. 기대도 하지 않았는데 신선한 아이디어를 낸다든가, 슬렁슬렁 일 처리를 하는 것처럼 보였는데 막상 성과는 기대 이상일 때, 사람에 대한 호감도마저 상승한다.

게으른 사람일수록 미루고 미루다 마감 시한이 다 돼서야 움직이기 시작한다. 시간이 얼마 남지 않았기에 잘해야 한다는 강박관념보다 어떻게든 최대한 빨리 몰입해서 끝내야 하므로 최소한의 노력으로 최대한의 성과를 끌어낼지 궁리를 하게 된다. 그렇게 잔머리를 굴리다 보면 자연스레 자신만의 경험과 방식이 묻어난 탁월한 성과를 내게 된다. 여기서 말하는 탁월함이란 기대 이상으로 성과가 좋다는 뜻이 아니다. **잘하고 못하고의 기준을 떠나 그 사람 특색이 묻어나는 성과를 말한다. 다시 말하면, 그 사람이 아니면 낼 수 없는 성과를 말하는 것이다.**

반면 게으름을 피우지 않고 매 순간 열심히 하다 보면 창의적인 생각은 물론 나만의 방식으로 일을 처리하는 건 엄두도 못 내게 된다. 굳이 창의성을 들먹이지 않더라도 열심히 원하는 성과를 내기 위한 목표에만 집중하다 보면, 정작 자신의 색이 점점 흐릿해지기 때문이다. 그럴수록 목표한 성과를 끌어낼 순 있어도 탁월한 성과를 내긴 힘들다.

게으른 사람들은 늘 시기의 대상이 될 수 있기에 그들 주변엔 "나는 열심히 일하고 있는데, 저 사람은 왜 게으름만 피우고 있지"라며 속앓이하는 이들이 더러 있다. 이는 게으름을 피우는 모습과 휴식을 취하는 모습이 별반 다르지 않기 때문이다. 하지만 타인에 대한 감정 노동에 괴로워하는 사람치고 제대로 된 성과를 발휘하며 사는 이들이 거의 없다. 만약 당신이 게으른 사람을 보면 화와 시기가 들끓던 사람이라면, 혼자 감정 노동을 반복하며 자학하기보다 조금만 느슨하게 게을러 보라. 혹시라도 게으름 때문에 일을 망치게 되면 어떡하나 걱정이 된다면, 걱정만 하고 있지 말고 **차라리 그냥 게을러서 혼나 보라.**

혼이 나지 않기 위해 온갖 신경을 쓰다 보면 과도한 정신적 스트레스와 감당해야 할 무게감만 더 늘어날 뿐이다. 혼나고 욕을 먹어 봐야 다음 단계를 어떻게 해야 할지 스스로 사고하고 행동하게 된다. 이런 과정을 겪다 보면 칭찬을 바랄 때 얻을 수 있던 것들과는 현저히 다른 경험을 쌓게 될 것이다. 그런 경험과 노하우가 쌓이다 보면 충분히 자신만의 탁월한 성과를 낼 수밖에 없어진다.

포기는 빠를수록 좋다

사람은 호기심 가득한 존재이기 때문에 눈에 보이는 것에 쉽게 관심을 두기 마련이다. 특히 비즈니스 세계에선 돈이 되는 일이라면 더욱 적극적인 자세로 임한다. 못하고 싶은 것보다 잘하고 싶은 것이 많고, 무관심보다 관심받는 것을 더 좋아한다. 또한, 사업을 운영하는 사람에게 인정욕은 가장 버리기 힘든 욕구 중 하나다. 식욕과 성욕보다 더 강하다. 하지만 인정을 받기 위해 노력하는 과정에서 수많은 일에 신경을 쓰고 있다면, 당신이 열심히 밤낮없이 뛴 열정에 대한 대가로 회사 가치가 올라갈 뿐, CEO 본인에 대한 삶의 만족도는 그리 높지 않을 수 있다.

표면적으로는 회사와 CEO를 동일시하여 평가하기 때문에 어차피 인정을 받고 사는 것이지 않으냐고 반문할 수도 있다. 하지만 수많은 사람이 인정했던 회사가 하루아침에 도산하는 일은 비일비재하다. 대기업이 사업을 무리하게 확장하다 한순간에 부도를 맞기도 하고, 중소기업이 소리 소문 없이 사라지기도 한다. 1인 기업이야 존재 자체도 희미하게 반짝이다 사라진다. 이 위험천만한 일은 CEO 한 개인의 문제로 발생하는 경우가 많다. 그중 가장 대표적인 원인은 대표 스스로 자신이 해야 할 일에 집중하지 않고 불필요한 것들을 손에 쥐고 무엇 하나 포기하려 들지 않기 때문에 야기되는 문제가 대부분이다. 요즘엔 중소기업의 대표 못지않게 걸어 다니는 1인 법인의 영향력이 점차 넓어지고 있다. 이 현상은 더욱 가시화될 것이다. 그럴수록 한 회사의 대표는 자신이 **집중해야 할 일 외에는 최대한 불필요한 것들을 하나씩 덜어 내고, 포기할 수 있어야 한다.**

하지만 모든 사람이 그래야 한다는 말은 아니다. 자신을 드러내고자 안달인 이들은 일에 매몰되어 있는 시간에 비해 매출이 적다는 푸념도 잠시, 열심히 앞을 향해 달려가느라 여념 없는 삶을 즐긴다. 당신이 모든 것을 스스로 확인하고 일 처리를 해야 직성이 풀리는 성향이라면 일을 최대한 많이 해야 한다. 수많은 시간 일에 몰입해서 성과를 끌어내는 것에 열정과 희열을 느낀다면 지금의 방식을 고수하며 살면 된다. 그래야 심적으로 편하고 일도 더 잘될 것이다. 당신에겐 억지로 일을 하지 않는 게 더 어려운 일일 테니까.

본인 스스로 회사를 소개하는 것을 좋아하고 더 많은 사람을 만나기 위해 모임에 참석하는 것을 즐기는 성향이라면 최대한 모임에 많이 나가야 한다. 그래야 더 회사를 안정적으로 운영하고 있다는 확신이 들 테니 말이다. 굳이 내려놓고 신경을 끄기 위해 애쓰며 에너지를 소비할 필요가 없다. 나는 당신을 바꾸고 싶은 마음이 전혀 없다. 내가 뭐라고 한 개인의 인생을 바꾸려 들겠는가.

나는 조용한 성공, 깊은 성취감, 일보다 일상을 누리는 시간을 더 소중한 가치로 생각하기 때문에 일에 몰입하는 시간을 최소화하면서, 일상에 더 많은 시간을 할애하며 살고 있다. 고객의 상당수도 최대한 단시간 몰입해서 잠재된 역량을 최대치로 끌어내고 남은 일상을 여유롭게 살고 싶은 이들이기에 회사가 운영되는 것이다.

각기 삶의 방식과 기준이 다를 뿐 일을 하는 방식에 좋고 나쁨은 없다. 하지만 당신이 일에 얽매여 있는 시간보다 일상의 여유와 풍요를 즐기는 것에 더 삶의 기준이 맞춰져 있는 사람이라면, 불필요한 일에 대해서는 지금부터라도 욕심을 내려놓고 하나씩 포기하는 연습을 해 보자.

뻔뻔해서 손해 보는 일은 없다

기업 운영 전략 중 하나로 선택과 집중을 빼놓을 수가 없다. 이와 관련해서 경영 사례로 자주 언급되는 것 중 하나가 파레토 법칙이다. 모든 일이 중요한 것이 아니라 그중 20%가 80% 성과를 만들어 낸다는 법칙이다. 가장 잘 팔리는 제품 20%가 매출의 80%를 차지한다든가, 상위 20%가 전체 생산의 80%를 해낸다는 이야기를 한 번쯤 들어 봤을 것이다. 이는 고객의 범주에도 적용이 된다.

대기업이나 중소기업의 경우 고객의 범주가 넓기 때문에 과반수 고객의 니즈를 맞추며 경영을 하는 것이 효율적이다. 하지만 소자본으로 창업한 작은 규모의 비즈니스의 경우, 회사의 철학과 가치에 대한 이해도가 높은 고객에게 집중할수록 경영적인 측면에서는 훨씬 더 원활하게 회사를 운영할 수 있다. **더 정확히 표현하면, 일을 좀 더 줄이면서도 높은 매출을 유지할 수 있다는 말이다.**

일을 최소화하면서도 안정적인 매출을 유지하기 위해서는 당신이 제공하는 제품이나 서비스가 어떤 고객과 가장 잘 맞는지에 대해 심도 있게 고민하고 분석해 볼 필요가 있다. 단순히 "우리 서비스는 이런 고객에게 잘 맞습니다" 정도의 타깃 고객을 정의하는 수준이 아니라, 최대한 선호하는 유형의 고객을 거르고 또 걸러야 한다. 그렇게 하기 위해서는 우선, 대표 스스로 자신이 마주하고 싶은 고객이 어떤 사람인지 글로 시각화할 수 있어야 한다. 머리로만 생각하기보다, 글로 구체적으로 어떤 유형의 고객을 마주하고 싶은지 한번 적어 보는 것이다.

회사를 운영하면서 자주 했던 일 중 하나는, 마주하고 싶은 고객을 글로 시각화하는 작업이었다. "단순히 어떤 고객을 만나고 싶다"와 같이 한 줄의 짧은 문구가 아닌, 되도록 구체적으로 만나고 싶은 고객이 현재 겪고 있는 문제와 그 문제를 해결할 수 있는 나만의 전략, 그리고 고객의 라이프스타일까지 글로 생생하게 표현하는 과정을 반복했다. **이 과정을**

반복한 덕분에 삶의 가치가 비슷한 분들과 소통할 수 있었고, 서비스를 제공하는 단계에서 불필요한 에너지를 소모하는 일을 줄일 수 있었다.

가끔 고객을 거른다는 표현을 부정적으로 받아들이는 분들이 있는데, 그어떤 회사도 모든 고객을 만족하게 해 줄 순 없다. 게다가 수많은 고객을 만족시키려 애를 쓸수록 불필요한 일은 확실히 늘어나는데, 그만큼 돈을 많이 벌 수 있을 거란 확답은 그 어디에서도 받을 수 없는 게 우리 현실이다. 박리다매나 대박을 추구하는 사람이라면 모를까, 일을 최소화하며 여유롭게 살고 싶은 내겐, 수많은 고객보다 회사의 가치를 존중해 주는 소수의 고객을 만나는 것에 정성을 쏟아야 한다.

물론, 아무리 원하는 고객만 마주하고 싶다고 해도 수많은 변수가 생긴다. 하지만 최소한 CEO 본인 스스로 회사의 가치에 공감할 수 있는 고객과 그들의 라이프스타일에 대해 정의할 수 없다면, 결코 회사의 가치를 고수하며 최소한의 일만 하는 것은 쉽지 않을 것이다.

결핍이 많을수록 유리하다

풍부한 경험과 뛰어난 역량을 지닌 사람은 고객을 거를 필요가 없다. 그들은 이미 많은 이들을 품을 수 있는 위치에 있는 사람이기 때문이다. 하지만 나는 그런 사람이 아니다. 늘 소수의 고객과 대면하며 외부 노출을 자제한 이유도 감당할 수 있는 고객이 많지 않다는 것을 잘 알고 있기 때문이다. 이는 결국 내 역량이 부족하다는 말이기도 하다. 창업할 때 무엇 하나 갖춘 것 없이 시작했기에 늘 부족함의 연속이었다. 얼떨결에 잘 알지도 못하는 분야에 뛰어들어 오만 가지 실수를 반복했다. 수년이 지난 지금도 상황이 그리 달라지진 않았다. 여전히 부족한 것들을 하나씩 채워 가느라 허덕이는 중이다.

일하면서 시행착오를 겪다 보면 막히는 부분이 있다. 그때마다 나는 주변에 도움을 요청하는 편이다. 일과 관련된 것들은 대부분 상담을 받거나 조언을 얻다 보면 쉽게 해결되기도 한다. 하지만 주변을 둘러보면 처음부터 모든 일 처리를 혼자 다 감당하려고 하는 이들이 있다. 혼자 감당하다 보면 분명 시행착오를 기반으로 더 튼실해지는 건 맞다. 하지만 끝까지 버텨 낼 자신이 없다면 그 성과를 맛보기도 전에 제풀에 지쳐 쓰러지고 만다. **못하는 것을 잘하려는 노력도 중요하지만, 못하면 못한다고 인정하는 것이 더 중요하다.** 그래야 더 많은 기회가 보이고 그 속에서 당신을 지원해 주고 도와줄 사람을 만날 수 있다.

모든 일이나 문제를 혼자 감당하며 끌어안고 사는 사람치고 자신이 원하는 목표에 도달한 사람이 별로 없다. 설사 그 목표치에 도달했다 하더라도 스스로 성취했다는 자만심에 빠져 자신을 완벽주의자라 칭한다. 하지만 완벽히 해냈다는 성취감도 잠시 열심히 노력해서 얻은 만큼 그것을 손에서 놓지 않기 위해 더 골머리를 앓기도 하고, 혼자서 계속 일을 감당하다 정작 더 큰 기회를 놓치기도 한다. 주변엔 혼자 감당할 수 없는 무게감을 끌어안고 있다 한순간에 사라지는 분들을 종종 마주하게 된다. 하지만 일이라는 것이, 스스로 극복해야 하는 부분도 있지만, 혼자서는 감당할 수 없는 것들이 있다. 이를테면 감정을 컨트롤하는 부분이라든지, 개인사를 들 수 있다. 그들은 이런 요인은 일 외적인 거라 치부하며 도움을 요청하려 하지 않는다. 하지만 이것도 일이다. 그것도 가장 중요한 일이다. 감정적인 문제가 해결되지 않으면 간단한 일마저도 할 수 없기 때문이다.

회사를 운영하다 보면 일을 잘하고 실력을 갖추는 것보다 더 중요한 것이 멘탈 관리다. 때와 장소를 가리지 않고 모든 문제는 감정에 의해 야기된다. 그 외적인 요소는 아무리 부족하다고 한들 채울 방법이 있기 마련이다. 나 역시 회사를 운영 하면서 감정을 컨트롤하는 것을 가장 우선순위로 삼는다. 그리고 그런 감정은 쌓아 두기보다 최대한 하루를 넘기지 않도록 갖은 수를 쓴다.

혼자 감당할 수 있다고 생각하는 것들은 한적한 공간에서 클래식 명상을 하며 흘려보내거나, 억울한 일이 생기면 울음을 참지 않고 그 자리에서 펑펑 운다. 친구를 만나 투정을 부리며 어린아이처럼 울기도 하고 슬픈 영화를 보며 소리 내어 울기도 한다. 그러다 보면 마음이 한결 가벼워진다. 한마디로 하루 만에 속이 편해진다. 회사를 운영하면서 매사 그렇게 속 편하게만 살 수 있겠냐는 이들도 있지만, 속앓이하면서 사는 것보다 낫다. **얼마나 대단한 일을 한다고 뭘 그렇게 참고 또 견디며 속이 타**

들어 가게 살아야 하는가. 인생에서는 일 외에도 속을 끓이는 사건 사고가 한둘이 아니다.

부는 소유하는 것이 아니라
누리는 것이다

매주 상담을 진행하다 보면 "성공"과 "부"에 대한 테마가 빠짐없이 등장한다. 각자 살아온 삶의 방식에 따라 성공과 부의 기준이 각기 다르지만, 돈이나 소유를 부의 기준으로 두고 살든, 행복이나 사랑과 같은 가치에 중점을 두고 살든, 궁극적으로 우리가 바라고 염원하는 공통분모가 하나 있다.

바로 누구나 지금보다 한층 더 "여유로운 일상"을 꿈꾼다는 것이다. 되도록 그 여유로운 일상을 한시라도 빨리 누리며 살고 싶어 하는 것이 부에 대한 욕망이기도 하다. 하지만 성공을 소유로 착각하거나, 부를 경제적 자산 가치로 한정하다 보면 지금의 일상보다 미래로 시선을 두기 마련이다. 그래서인지 풍요롭게 살고 싶은 마음을 늘 가슴에 품고 살면서도

"언젠가 원하는 것을 소유했을 때"
"언젠가 원하는 만큼의 경제적 여건에 도달했을 때"

와 같이 **언젠가 혹은 영원히 오지 않을 그때를 염원하며 지금의 여건에서부터 누릴 수 있는 것들을 놓치며 살아가는 이도 적지 않다.**

성공 처세를 다룬 자기 계발 서적을 많이 읽던 분일수록 "5년 안에 10억 부자가 되겠다", "10년 안에 사산 가치를 100억대로 끌어 올리겠다"와 같이 미래의 어느 시점에 대한 목표를 세우거나, 그 목표를 시각화하기 위해 고급 스포츠카, 풍경 좋은 전원주택 사진을 벽에 붙여 두기도 한다. 이렇게 하는 이유는 목표를 시각화할수록 원하는 성과를 빨리 이루는 데 도움이 되기 때문이다. 하지만 일상에서 의식과 행동의 변화 없이, 현실을 벗어나고 싶은 마음에 확언만 반복하다 보면, 지금의 현실과 자신이 꿈꾸는 이상 사이의 결핍에 더 집착할 우려가 있다. 갖고 싶은 것을 가질 수 없는 현실을 한탄하거나, 하고 싶은 것을 마음껏 할 수 없다는 현실에 대한 강박증에 사로잡히게 되는 것이다.

힘들 때마다 "나도 남들처럼 좀 여유롭게 살고 싶은데" 라는 푸념을 늘어놓는 일이 반복되고, 사회제도와 환경을 탓하는 빈도수도 늘어난다. 이런 현상이 반복되면 반복될수록 돈은커녕 부가 무엇인지조차 제대로 알지 못한 채 생을 마감할 수도 있다. 더 가혹한 사실은 지금의 생활 수준에서도 풍요롭게 누리며 살 수 있는 것들을 간과하고 그저 막연히 타인을 부러워하거나, 스스로 자신을 힘든 형국으로 내몰게 된다는 것이다.

수중에 얼마의 돈이 있든 나는 되도록 나중이 아닌 지금 당장에 잘 먹고 잘살고 싶다. 지금 당장 원하는 시공간에 머물며 생활하고 싶고, 한 살이라도 젊었을 때 드넓은 지구를 여행 다니고 싶다. 은퇴 후 한적한 전원생활을 하기보다 지금 당장에 한적하고 숲이 우거진 공간에서 창작 활동을 하며 살고 싶다. **한시라도 빨리, 최소한의 일만 하면서, 여유롭게.**

나는 최대한 이 욕구를 나중이 아닌 지금 해소하기 위해 다양한 실험을 했다. 남들이 불안정한 미래를 대비하기 위해 돈을 버는 일에 심혈을 기울일 때, 되도록 노후가 아닌 젊었을 때 풍요롭게 살 수 있는 환경을 구축하는 데 돈과 시간을 아끼지 않았다. 내 집 마련을 위해 꼬박꼬박 적금을 들기보다, 이미 잘 갖춰진 세련된 공간을 시시때때로 옮겨 다니며 내 집처럼 머무는 데 돈을 썼다. 국내와 해외를 여행 다니며 월세나 연세로

저택을 세컨하우스로 활용했으며, 월세 수익이나 투자 가치를 위해서가 아닌 최소한의 금액으로 가장 마음에 드는 집에 머물기 위해 경매나 급매를 적절히 활용했다.

언제가 경제적으로 자유로워졌을 때, 마음껏 여행을 다니며 살고 싶어 하기보다, 어떤 환경에 놓여 있든 지금부터 꾸준히 여행을 다닐 수 있는 삶을 살기 위해 해외 출장이 잦은 환경에서 일하는 것을 택했고, 몇 푼 되지 않던 급여로 지난 10년 넘게 사계절 레저와 취미 생활도 꾸준히 즐겨 왔다. 10년 전이나 지금이나 여전히 돈을 착실히 모으기 위한 행동을 하면서 살아 본 적이 없다. 돈을 모으기는커녕 끊임없이 돈을 쓰기만 하는 삶의 연속이었다. 안정적인 미래보다 지금 누릴 수 있는 것들을 온전히 누리는 삶을 택한 것이다.

종종 "그렇게 돈을 쓰기만 하면, 언제 돈을 모으냐"는 질문을 하는 분들도 계시지만, 그때마다 나는 "그렇게 돈을 모으기만 하면, 언제 쓰냐"고 도리어 묻는 편이다. **이는 돈을 버는 것이나, 모으는 것보다 제대로 쓰는 것에 더 중요한 가치를 두고 살기 때문이다.**

돈이나 소유를 떠나 당신이 나처럼 미래의 어느 시점보다 현재를 잘살고 싶은 사람이라면, 5년 뒤, 10년 뒤가 아닌 되도록 올해, 가능하다면 지금 당장 원하는 삶을 일상에서 누릴 방법에만 중점을 두고 사고를 해 보라. 좋은 차를 몰고 싶을 때면 모터쇼에 가서 원하는 차를 마음껏 둘러보거나, 직접 운전을 해보고 싶을 땐 사전에 시승 신청을 해서 타 보는 것이다. 소유하지 못하고 시승만 하면 무슨 소용이냐고 할 수도 있지만, 막연히 비싸다고 생각했던 것들을 들여다보는 빈도수가 높아질수록 생각보다 큰돈을 들이지 않고도 소유할 방법이 다양하다는 것에 눈을 뜨게 된다. 기존에 전혀 알지 못하고 살았던 방법을 하나씩 알아 가는 것만으로도 충분히 돈은 물론 시간을 벌 수 있다.

당신이 꿈에 그리던 집이 있다면, 책상 앞에 사진을 붙여 두고 확언만 하고 있거나, 열심히 돈을 벌어서 언젠가 좋은 집을 사겠다고 다짐만 하고 있기보다, 지금 당장 당신이 살고 싶은 동네를 내 집 드나들 듯 자주 둘러보라. 편안한 복장으로 산책도 하고, 레스토랑에 들어가 한적하게 혼자 식사도 해 보고, 벤치에 앉아 지는 노을을 바라보며 한 템포 여유롭게 하루를 마감해 보는 것이다.

때론 산책하러 다니다 마음에 드는 공간에 머물고 싶다면, 호텔이나 레지던스에 묵으며 생활해 보는 것도 좋다. 경제적 여건에 따라 단 하루라도 좋으니 되도록 좋은 곳에 머물며 휴식을 취해 보라. **여행이 아닌 생활을 해보는 것이다.** 출퇴근을 한다든가, 책을 쓴다면 창작 활동을 한다든가, 온종일 아무것도 하지 않고 예능 프로그램만 봐도 괜찮다. 혹자는 이런 이야기를 하면, 당장 월세 낼 돈도 빠듯한데 한량 같은 소리나 하고 있네, 라며 볼멘소리를 해 댈 수도 있다. 하지만 돈에 대해 집착을 하면 할수록, 단돈 5만 원도 당신을 위해 제대로 쓸 수 없을 것이다. 넉넉하지 않은 형편이라 생각하면 생각할수록 아주 간단하게 누릴 수 있는 것조차 스스로 형편 탓하며 차단해 버리기 때문이다.

위에 언급한 간단한 팁은 내가 1,500원짜리 아이스크림 하나 제대로 먹지 못하던 백수 시절 가장 많이 누렸던 호사였다. 돈이 많기는커녕, 몇십만 원의 고정 급여조차 없는 상태였지만, 단돈 5만 원을 쓰더라도 내가 머무는 시공간에 투자를 아끼지 않았기에 그리 많은 돈을 쓰지 않고도 충만한 부와 여유를 누릴 수 있었다. 게다가 수십 년간 열심히 일만 해서 집 한 채 사는 노고의 시간에 비해 원하는 공간에 잠시 머무는 데는 그리 큰돈이 들지 않는다. 처음부터 1박에 수천만 원 하는 객실을 목표로 하기보다, 월급의 5% 정도만 떼어 분기별로 자신이 원하는 시공간에 머무는 데 투자해 보라.

처음에는 집이 아닌 낯선 곳에서 잠을 자는 것이 다소 불편할 수도 있다. 하지만, 되도록 당신이 가장 머물고 싶은 공간을 선택할수록 불편함이 아닌 왠지 모를 희열과 쾌감으로 느껴질 것이다. 나 역시 낯선 시간을 넘어 평온한 느낌을 느끼게 되기까지 다양한 경험을 반복한 덕분에 경제적 여건이 좋아질 때마다 누릴 수 있는 폭이 한층 넓어지고 있다.

투자가 아닌 이상, 나는 여전히 차나 집을 소유할 마음이 없을뿐더러, 좋은 집을 사기 위해 수십 년간 일에 얽매일 마음도 없다. 집을 소유하고 직접 거주를 한다는 건 애먼 목돈을 묵혀 두는 것밖에 되지 않기 때문에 더욱이 내 돈 주고 산 집에 거주하고 싶진 않다. 게다가 이미 세상엔 너무도 멋진 공간이 많기 때문에 굳이 한 곳에 평생 머물며 살 이유도 없다.

그 외에도 **부를 소유의 관심이 아닌 누리는 관점으로 접근할수록** 세상에는 굳이 내가 소유하려 기를 쓰지 않아도 이미 훌륭하게 갖춰 놓은 것들을 풍요롭게 누리며 살 수 있는 기회가 많다는 것을 알게 된다. 그러다 보면 성공과 부에 대한 기준도 차츰 변하게 되고, 무작정 앞만 보며 열심히만 살던 인생에 **"당신이 보내는 시간, 당신이 머무는 공간, 당신이 누리는 모든 순간"** 속에 차츰 여유가 깃들게 된다.

에필로그

조용한 성공, 깊은 성취감,
일상을 누리는 삶을 원한다면

아침에 눈을 뜨면 밤새 경직되어 있던 근육을 풀기 위해 리듬에 몸을 내맡긴 채 스트레칭을 한다. 머리끝부터 발끝까지 몸의 감각을 하나씩 일깨우며 정해진 규칙도 없이, 정해진 동작도 없이, 몇 시간이고 느린 스트레칭을 하며 하루를 시작한다.

천천히 감각을 일깨우는 스트레칭이 끝나면 따뜻한 두부와 삶은 채소, 제철 과일 한 접시로 아점을 먹는다. 요즘은 텃밭에서 키운 가지와 호박을 굽거나 삶아 먹고, 참외나 토마토, 오이를 한 바구니씩 따다 먹는다.

오후 1시, 편안한 옷을 입고 집을 나선다. 오늘은 한적한 갤러리 카페에서 출판사에 보낼 원고를 마무리할 계획이다. 평소 책을 집필할 때마다 방문했던 갤러리 카페에 들러, 진한 커피를 한잔 시키고, 스마트폰을 끄고, 작은 알람시계를 곁에 두고, 딱 4시간 정도만 글을 쓰는 데 몰입해 본다.

마감하는 날엔 대체로 늦은 시간까지 글을 쓰는데, 오늘은 저녁 선약이 있어서 최대한 몰입해서 끝내고 출판사에 메일을 보내고 나왔다. 평소 별다른 일정이 없는 한 특강이 있는 날 외에는 주로 집이나 갤러리 카페에서 창작 활동을 하거나 여가 시간을 보낸다.

오후 5시, 느릿한 발걸음을 한 친구들이 현관문을 열고 들어온다. 초대 손님이라고 해 봐야 두 명뿐이지만, 꽤 오랜 시간 한적한 오후에 함께 식사해 온 친구들이다. 그들은 각자 전문 분야에서 일하고 있고, 일뿐만 아니라 일상에서 여유를 잃지 않고 자신만의 시간을 보낼 줄 아는 친구들이다.

평소 사람이 북적이는 시간대에 식사하는 것을 좋아하지 않다 보니 주로 집에서 식사하거나, 외부에서 식사할 때도 다소 이른 5시쯤 저녁을 먹는 편이다.

오늘의 메인 요리는 "가지"다. 요즘 내가 가장 좋아하는 채소이기도 하다. 요리를 즐겨 하거나 잘하는 편은 아니지만, 집에서 식사를 할 때면 따로 간을 하지 않은 신선한 채소나 과일을 내어놓는다. 그래서인지 내 요리에 특별한 맛은 없다. 가지는 가지 맛, 사과는 사과 맛이 난다.

다음 달 "여백"을 테마로 개인전을 준비하는 칸은 요즘 부쩍 바빠졌다며, 지수와 내게 영상 편집과 작품집 출간 관련해서 도움을 요청했다. 아무래도 작품을 표현하는 중요한 사안인 만큼 외부에 의존하기보다, 자신의 라이프스타일을 잘 알고 있는 사람과 함께하고 싶다는 것이다.

그렇게 우리는 여백을 테마로 한 작품에 대한 이야기를 나누며 식사를 했다. 오늘따라 유독 서로 추구하는 삶의 가치가 비슷하다는 느낌이 도화지에 물감이 번지듯 스며든다. 오늘 대화를 나누며 꽤 괜찮은 영감을 얻었다. 다음주 특강에서 그의 작품전을 소개하며 참가자분들과 여백에 대한 대화를 나눠야겠다.

늦은 밤 10시, 식사를 마치고 충분한 휴식을 취한 뒤 인천공항으로 향한다. 내일모레 싱가포르에서 라이프스타일에 대한 강연이 있다. 소규모 강연인데 감사하게도 주최 측에서 호텔과 항공편을 예약해 주셨다. 이틀 정도는 호텔에 머물다 체크아웃 후엔 센토사섬에서 한 달 정도 머물다 귀국할 예정이다.

체크인하다 비즈니스 좌석이 남았는지 마일리지 덕분에 비즈니스석으로 업그레이드되었다. 탑승 전 라운지에 들러 커피를 한 잔 마시며 어떤 이야기를 다룰지 고민해 본다. 싱가포르까지 비행시간은 6시간가량 소요되니 오늘은 비행기에서 잠을 청하며 하루를 마무리한다.

현재의 일상 속 단면을 담아 낸 글이기도 하고, 부분적으로는 미래의 어느 시점이 담겨 있는 글이기도 하다. 아침에 눈을 떠서 잠들 때까지, 이렇게 일상을 글로 표현할 때면, 원하던 하루를 상상하며 글로 적을 때도 있고, 지금의 일상을 디테일하게 표현해 볼 때도 있다.

자칫 미래 일기처럼 보일 수 있는데, 언젠가 원하는 삶을 살게 되면 누리고 싶은 먼 훗날의 미래가 아닌, **곧 마주하게 될 일상의 모습이나 현재의 상황에서도 누릴 수 있는 감흥에 중점을 두고 글을 쓴다는 점이 다르다.** 현실의 결핍과 궁핍에서 벗어나기 위해 상상의 나래를 펼치는 것이 아닌, **지금보다 더 괜찮은 일상을 살기 위해 내 안에 잠재된 욕구를 차분히 들여다보는 데 중점을 두는 것이다.**

내 안에 잠재된 욕구를 일상의 한 단면으로 표현해 보는 이유는, 막연히 가슴 한쪽에 품고 사는 "나도 남들처럼 좀 잘 살고 싶다"라는 욕구가 구체적으로 어떤 모습인지 선명하게 들여다볼 수 있기 때문이다.

욕구를 글로 디테일하게 표현하기 시작한 건 퇴사 직후였다. 여유 시간이 많다 보니 하릴없이 카페에 앉아 내가 원하는 일상은 어떤 모습인지, 어떤 하루하루를 살고 싶은지에 대해 글로 표현하는 것을 반복했다. 그렇게 변화의 시점마다 꾸준히 글로 표현하다 보니 어느덧 원하던 일상을 지금부터 누리는 삶에 한층 가까워질 수 있었다.

아침에 눈을 뜨면 몇 시간이고 느린 스트레칭을 하며 여유롭게 하루를 시작하게 된 건, 아침에 눈을 뜨자마자 반드시 해야만 하는 온갖 것들로 가득했던 일상에서 벗어나고 싶은 욕구를 해소하기 위함이었다. 많은 사람을 만나기보다 늘 보던 사람과 꾸준히 식사해 온 것도 인간관계로부터 오는 감정 소모에서 벗어나고 싶은 욕구를 해소하기 위함이었다.

글에선 해외 강연을 하는 모습이 다소 화려해 보일 수도 있는데, 그간 진행해 온 강연도 소수 정예였듯, 내가 원하던 강연은 드넓은 강연상에 수많은 청중을 앞에 두고, 그럴싸한 정장을 입고, 전문적인 지식과 경험을 전달하는 모습이 아니었다.

그보다 어느 시공간에 머물든, 비슷한 라이프스타일을 사는 사람과 익숙함이 묻어나는 공간에서 일과 시간에 대한 가치를 나누는 삶이 내겐 더 매력적이다. 작은 동네 서점에서 해 질 녘까지 책과 일상에 대한 이야기를 나누거나, 일본의 고풍스러운 찻집에 둘러앉아 일과 라이프스타일에 대한 이야기를 나눌 때, 강연 본연의 매력을 느낀다.

미래를 꿈꾸며 살기보다 지금 일상에서 누릴 수 있는 것들을 온전히 누리는 데 행복을 느끼고, 내면에서 깊은 성취감이 울려 퍼지는 감흥을 느끼며 사는 오늘 하루가,

나는 참 좋다.

최소한의 일만 하며
여유롭게 살고 싶다는 당신께

인간으로 태어나 "최소한의 일만 하며 여유롭게 살고 싶은 마음"은 누구나 갈망하는 욕구가 아닐까 싶어요. 저도 그 욕구를 해소하기 위해 다양한 실험을 해 왔고, 여전히 삶에 여유가 깃들 수 있도록 노력하는 중이랍니다.

직장인이라면, 당장 퇴사를 고민하기보다 조직 내에서 여유를 찾는 연습을 먼저 해 보시라고 말씀드리고 싶어요. 정해진 시공간에서조차 스스로 여유를 부리지 못하면, **진짜 여유가 생겼을 때 어떻게 누려야 하는지조차 모르게 되거든요.**

직접 비즈니스를 운영하고 계신다면 당장 일을 최소화할 방법을 찾는 데 몰두하기보다, 지금 일하는 패턴을 유지하면서 그 속에서 차츰 여유를 찾아가는 시간을 가져 보면 좋을 것 같아요. 롱런하는 비즈니스를 위해서는 한 템포 여유롭게 가는 법을 스스로 하나씩 터득하는 수밖에 없거든요.

제가 최소한의 일만 하며 여유 부릴 궁리만 하는 이유도 그리 특별하지 않아요. 젊을 때부터 놀고먹고 싶어서 여유 부리는 건 더더욱 아니에요. 오히려 **더 오랜 시간 지치지 않고 건강하게 일하며 살아가기 위함이에요.** 평균 수명 100세 시대, 사는 동안 계속 일을 하며 살아갈 텐데, 바쁘게 일만 하며 사느라 번아웃되면 끝까지 걸어갈 힘이 없잖아요. 한 템포 느리게 천천히 가더라도, 소소한 일상의 멋도 좀 들여다보고, 복잡 미묘한 오만 가지 감정을 해소하기 위해 제멋대로 창작 활동도 좀 하고, 충분한 휴식과 여유를 부려가며, **일하고 싶거든요.**

머릿속에 맴도는 일과 일상에 대한 생각을 정리하고 싶다면, 하루 정도 휴가를 내고, **최소한의 일만 하며 내 시간을 온전히 누리고 있는 모습을 한번 글로 표현해 보세요.** 이미 경제적으로 자유로운 상태이며 일상엔 풍요와 여유가 넘치고, 돈을 벌기 위해 반드시 해야만 하는 일 따위 없

고, 그 누구도 당신을 방해하는 사람이 없는 자유로운 영혼이라 했을 때:

당신이 원하는 가장 이상적인 하루는 어떤 모습인가요? 아침에 눈을 떠서 잠들 때까지, 사진이나 그림을 보듯 최대한 디테일하게. 당신 안에 잠재된 욕구를 모든 감성과 표현력을 끌어내어 **글로 적어 보세요.**

내 안에 잠재된 욕구 파헤치기

나는 어떤 일상을 꿈꾸는가?

- 아침에 눈을 떠서 잠들 때까지
- 이미 경제적으로 자유로운 상태이고
- 반드시 해야만 하는 일도 없는 상태라 할 때
- 당신이 원하는 여유로운 하루는 어떤 모습인가요?
- 부와 여유를 누리고 있는 풍요로운 감흥을 디테일하게
표현해 보는 것이 좋습니다

*욕구 파헤치기를 작성할 때 주의 사항은 "~하고 싶다, ~되고 싶다 , ~갖고 싶다"와 같은 미래형 문장이 아닌, 이미 당신이 원하는 모든 조건과 여건을 충만하게 누리고 있다는 가정 하에 "이미 충만히 누리고 있는 모습"을 담은 현재형 문체로 적어 보는 것이 좋아요.

*원하는 삶이나 소유하고 싶은 품목을 나열하듯 적는 것이 아닌 이미 원하는 삶을 살고 있고, 소유하고 싶은 모든 것들은 이미 소유한 상태이며, 그 모든 것을 누리고 있는 당신의 일상을 디테일하게 묘사해 보세요.

내 안에 잠재된 욕구를 글로 마주하다 보면, 나중이 아닌 지금부터 이상적인 하루하루를 살기 위해 집중해야 할 것들이 선명하게 보여요. 때론 그저 막연히 잘 살고 싶다는 생각만 했지 막상 들여다보면 꿈꾸던 일상이 그리 특별하지 않았다는 것을 발견하기도 하죠.

다만, 일상을 글로 적어 보는 것으로 끝내면 안 돼요. 욕구를 자극하는 한 번의 경험으로 끝나는 것이 아니라, 지금보다 일을 최소화하기 위해 혹은, 더 풍요롭고 여유로운 일상을 살기 위한 실험을 스스로 해 봐야죠. 가만히 앉아서 생각만 하는 것이 아니라, 지금보다 더 괜찮은 하루를 살기 위해 사고의 전환과 함께 몸을 움직일 시간이에요.

글로 표현된 일상의 모습을 들여다보며, **지금의 여건에서 누릴 수 있는 것들을 하나씩 찾아보세요.** 평소보다 여유로운 아침을 맞이하고 싶다면, 숙면에 관심을 기울이거나 오전 시간대를 활용해서 혼자만의 시간을 가질 수 있는 방법을 찾아볼 수도 있고요.

전원주택에 머무는 삶을 꿈꾼다면, 단 며칠이어도 좋으니 잠시 휴가를 내고 전원 풍경이 아름다운 곳에 머물다 오세요. 평소 음악을 좋아해 해마다 뮤직 페스티벌 티켓을 끊는 것으로 만족했다면, 작사나 작곡을 스스로 배워 앨범을 내보거나, 책을 집필하는 등 창작 활동을 하면서 바쁜 일상에 여유가 깃들 수 있도록 하는 것도 괜찮겠죠?

욕구 파헤치기 시트는 제가 여전히 라이프 코칭에 들어가기 전, 자신 안에 잠재된 욕구를 들여다볼 수 있는 시간으로 활용되고 있는 시트에요. 내 안에 잠재된 욕구를 들여다볼수록, 지금보다 더 여유롭고 만족도 높은 삶을 살기 위해 무엇을 덜어내고 무엇을 채워야 하는지 선명하게 보이거든요.

상담을 받으러 오시는 분 중 상당수가 "저도 좀 여유롭게 살고 싶은데", 혹은 "저는 언제쯤 부자가 될 수 있을까요"와 같이 마치 부유하고 여유로운 삶이 자신과는 동떨어진 세계인 것처럼 푸념 섞인 말을 습관적으로 하는 분들이 많은데요.

여유가 넘치는 풍요로운 삶은, 결코 금전적 자산가치나 소유로 충족할 수 있는 것이 아니에요. 그것들은 부수적인 것에 불과하죠. 그보다 중요한 것은,

같은 환경에서도 얼마나 마음에 여유가 있는가,
같은 돈을 쓰더라도 얼마나 풍요로운 감흥을 느끼는가,
같은 일을 하더라도 얼마나 자신을 배려하며 일 하는가,
같은 휴식을 취하더라도 얼마나 오롯한 쉼을 느끼는가,

여유를 충만히 느끼며 살아가는 사람일수록, 어떤 환경에서도 자신에게 당당하고 소신 있는 사람으로 살아갈 수 있어요. 그들은 타인을 부러워하며 자신을 누군가와 비교하지도, 소유를 너무 갈망하지도 않아요. **그저 지금 자신의 여건에서 누릴 수 있는 것들을 충만히 누리며 하루하루를 살아갈 뿐이죠.**

쳇바퀴 돌 듯 바쁜 일상에 치여 살다 보면, 자신 안에 잠재된 욕구를 신랄하게 들여다볼 기회가 거의 없어요. 그간 30년 넘게 살면서 쌓여온 의식과 생활방식이 책 한 권 읽는다고 하루아침에 변할 일도 절대 없겠죠? 여유로운 감흥을 계속 경험하며 누려봐야 알지, 그저 책을 읽으며 "나도 좀 여유롭게 살고 싶다" 며 바란다고 삶에 여유가 생기는 건 아니잖아요.

그렇기 때문에 우리는 계속해서 여유로운 감흥을 느낄 수 있는 환경을 만들어야 해요. 아직 익숙하지 않지만, 내 안에 잠재된 욕구를 하나씩 들여다보며 부와 여유에 대해 그간 생각해 온 이미지, 행복하고 여유로운 일상의 모습 등, 그저 막연하게 꿈을 꾸듯 갈망했던 모습을 아주 섬세하고 디테일하게 직면해 보고, 그것들을 어떻게 하면 현실로 끌어올 수 있을지 끊임없이 방법을 강구해 봐야 한다는 거죠.

혹자는 자신 안에 잠재된 욕구를 파헤쳐 보는 것이 얼마나 긍정적인 효과가 있을까 의구심이 들 수도 있지만, 창업 이래 최소한의 일만 하면서도 여유로운 라이프스타일을 누리며 살 수 있던 원동력은 내 안에 잠재된 욕구를 있는 그대로 담아 낸 한 페이지 욕구 파헤치기 시트 덕분이었어요.

욕구를 짓누르거나, 해소하지 못한 채 버티며 살아가는 것이 아니라, 욕구를 있는 그대로 표출하고 스스로 정제할 수 있도록 사고하고 행동하는 데 중요한 가이드 역할을 해 준 셈이죠.

일을 기반으로 명성을 떨치는 것만큼 대표의 라이프스타일도 중요한 시대예요. 우리는 일만 하려고 회사를 운영하는 사람이 아닐뿐더러, 누군가를 위해서 고군분투하며 사는 것도 아니죠. **시작은 모두 내 안에 잠재된 오만 가지 욕구를 해소하기 위해 선택한 길이었고, 일하는 과정도 나를 위한 성장의 연속이어야 해요.**

그래야 단 하루를 살아도 생에 미련이 없을 테니까. 그 어떤 우여곡절과 시행착오를 반복한다 해도, 최소한 욕구 그대로 사는 사람에겐 푸념 섞인 후회란 없을 테니까.

최소한의 일만 하며,
온전히 내 시간을 누리며 사는 것은
인간 본연의 욕구다.

일을 최소화하면서도, 하고 싶은 것을 제때 하고, 갖고 싶은 것을 소유하지 않고도 누리며, 사회적 성공보다 내면의 성장에 깊은 성취감을 느끼는 분들이 주변에 더 많아지길 바라는 마음을 담아, 이 글을 마칩니다.

최소한의 일만하며 여유롭게 사는 법

초판 1쇄 발행 2021년 5월 10일
재판 2쇄 발행 2021년 5월 20일

지은이 박하루
펴낸곳 슬로라이프

책임편집 박소영
교정교열 도연재
북디자인 김송이

발행처 (주)하루랩 **임프린트** 슬로라이프
출판등록 2017년 6월 15일 제 2017-000118호
주소 서울시 서초구 반포대로23길 13, 5층 L198호
전화 0508-4202-7946 **이메일** haru@harulab.com
홈페이지 www.slowlifebook.com

ISBN 979-11-90447-08-9 (13190)
슬로라이프는 (주)하루랩의 라이프스타일 출판 브랜드 입니다.

슬로라이프는 원고기획부터 출판까지 전담 편집자의 1:1 원격 상담을 통해 작가가 원고를 끝까지 마무리 할 수 있도록 안내 합니다. 출판을 고민하고 있는 예비 작가라면 홈페이지 (www.slowlifebook.com) 접속 후 담당 편집자에게 샘플 원고를 보내주세요. 출판에 한 걸음 더 가까워 집니다.